책방과 개

책방과 개

초판 1쇄 발행 2025년 8월 26일
초판 2쇄 발행 2025년 11월 26일

지은이 루스 쇼
옮긴이 신정은

펴낸이 신정은
편집 박주희
디자인 형태와내용사이
제작 영신사
펴낸곳 그림나무
출판등록 제2023-000128호
전자우편 gallerynamu@gmail.com
전화 070-8028-2983
홈페이지 https://grimmnamu.super.site
인스타그램 @grimm.namu

ISBN 979-11-990556-2-9 03840

• 책값은 뒤표지에 있습니다.
• 잘못 만들어진 책은 구입하신 서점에서 바꿔드립니다.

책방과 개

훈자와 세상 끝 책방의 친구들

루스 쇼 지음
신정은 옮김

Bookshop Dogs

Bookshop Dogs

Copyrights ⓒ 2023 by Ruth Shaw

All rights reserved.
No part of this book may be used or reproduced in any manner whatever without written permission except in the case of brief quotations embodied in critical articles or reviews.

Korean Translation Copyright ⓒ 2025 by Grimm Namu
Korean edition is published by arrangement Allen & Unwin through BC Agency, Seoul

이 책의 한국어판 저작권은 BC에이전시를 통해 저작권자와 독점계약한 그림나무에 있습니다. 저작권법에 의해 한국 내에서 보호를 받는 저작물이므로 무단전재와 복제를 금합니다.

사랑하는 질 언니,

마주치는 모든 강아지와 고양이에게도

한없이 다정했던 언니를 생각하며

한국어판 서문

한국의 다섯 가구 중 한 가구는 반려견과 함께한다고 들었습니다. 이 책을 펼친 당신에게도 반려견이 있을지 모르겠습니다. 때로는 친구처럼 또 어떨 때는 동료나 짝꿍처럼, 혹은 도우미로서 당신 곁을 지키고 있겠지요. 반려견은 언제나 무조건적인 사랑과 한결같은 충성심으로 우리 곁을 지켜줍니다. 그리고 집으로 돌아오는 발걸음을 세상 그 무엇보다 환한 기쁨으로 반겨주지요.

이 책을 통해 제 책방에 찾아오는 사랑스러운 친구들을 한국 독자 여러분께 소개할 수 있어 참으로 기쁩니다. 개를 사랑해주시고 편안한 보금자리를 마련해주신 분께, 그리고 이 책을 선택해주신 모든 분께 감사드립니다. 여러분이 책장을 넘기며, 이 특별하고 사랑스러운 친구들의 이야기에 미소 지으실 수 있기를 바랍니다.

사랑을 담아
루스

차례

한국어판 서문 6

저자의 말 12

이야기의 시작 14

훈자를 소개합니다 17

자그마한 책방 둘과 스너그 27

사진가 데인티와 셰이디레이디 31

훈자, 실종되다 36

멧돼지 사냥개 럭키 40

훈자 없이 떠난 캠핑 44

페이지 앤드 블랙모어 책방의 넬슨 51

훈자와 한밤의 습격 57

카발리에 킹 레지 63

훈자, 공동묘지에 가다	67
독서견 투이	74
훈자, 약물중독자 모임에 참석하다	81
질 러셀 테리어 탈라	87
가족이 된 잭	90
훈자와 소년의 가장 친한 친구	95
'은퇴한' 양치기견 샘과 젬	101
훈자와 창문을 넘어간 소녀	109
사냥개 빌	119
봉쇄가 이어준 인연	126
e로 끝나는 앤	131
홈 크리크 보호구역의 엘리	136
훈자, 오후의 도둑	142

우리 헤어지는 그날까지 영원히	144
피파 이야기	151
버티와의 줌 미팅	160
훈자와 여인의 몸을 한 소녀	169
댄시스 패스에서 보낸 일요일	173
훈자, 경비견이 되다	180
콜로라도 집시 존슨과 사랑의 선물	182
훈자, 첫 책방지기 개	190
잘생긴 행크	197
아름다운 베리	201
훈자와 고슴도치	206
약사 조지의 반려견	210
훈자, 모든 순간을 함께한 동반자	215

조류 탐지견 시드	220
책방지기 개 코브	225
개에 관한 모든 것	230
착하게 굴려고 애쓰는 맥시	236
다정한 거인 래퍼티	241
그레이시와 보낸 하루	247
감사의 글	252
화보	257

 『책방과 개』에 등장하는 개와 사람, 그들 삶의 뒷이야기를 만나보세요. QR 코드를 스캔하면 책에 담긴 이야기의 실제 장소와 기억을 따라가는 온라인 페이지로 이동합니다.

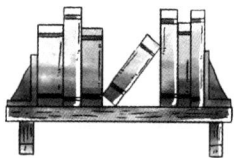

저자의 말

　내 책방에는 손님과 함께 개들도 아주 많이 찾아와요. 자연스레 그들의 이야기를 써야겠다는 생각이 들었지요. 물론 개에 관한 책은 이미 많이 나와 있어요. 로라 세션스의 『지진견Quake Dogs』, 마이크 화이트의 『개와 산책하는 법How to Walk a Dog』, 한스 올라브 튀볼의 『착한 개는 남극에 가지 못한다Good Dogs Don't make it to the South Pole』 등이 손꼽히지요. 정말 명작입니다.
　'책방'이라는 장소는 훌륭한 문학작품에 자주 등장하지요. 내 책장만 해도 책방에 관한 책이 다섯 권이나 된답니다. 그럼 개와 책방, 이 둘이 어우러진 책은 어떨까요?

이 책은 나의 첫 번째 책 『세상 끝 책방 이야기』와는 아주 많이 다릅니다. 한결 편하게 쓸 수 있었고 눈물도 그리 많이 흘리지 않았답니다. 개는 늘 인내심 넘치는 모습으로 한결같이 우리 곁을 지키지요. 충성심도 강하고 우리를 즐겁게도 해줍니다. 아니, 그 이상의 존재라고 해야겠지요. 우리의 일상을 다채롭게 만들어주기도 합니다. 반려견과 함께 지내면 기쁜 날도 있고 슬픈 날도 있지요. 또 어떤 날엔 '오로지 네 사랑만 있으면 돼'라고 하게 됩니다. 이 책을 쓰면서 무척 행복했어요. 여러분도 이 책을 즐겁게 읽으시길 진심으로 바랍니다.

루스

이야기의 시작

　우리 집은 늘 '고양이 가족'이었다. 어린 시절 내내, 그러니까 내가 해군에 입대하기 전까지 집에는 늘 고양이 한 두 마리가 있었다.
　스무 살에 해군에서 전역할 때 한 친구에게 두 살배기 독일 셰퍼드를 선물받았다. 나의 첫 반려견 '레와'였다. 그 친구는 집으로 돌아가는 긴 여정 동안 내게 동행자 겸 보호자가 필요하다고 생각했던 것 같다. 레와는 나와 완전히 달랐다. 아주 천하태평에 세상만사 그저 느긋한 성격이었다. 우리는 자그마한 1946년식 포드 프리펙트를 타고 뉴질랜드 북섬 오클랜드에서 남섬 아래 스튜어트섬까지 함께 여행했다. 레와는 조수석에 앉아 빠르게 지나가는 풍경을 신나게 바라보았다. 하지만 2년 뒤 내가 스튜어트섬을 떠날 때, 레와는 섬에 남는 것을 택했다. 내 부모님을 잘 따랐는데 그분들의 생활방식이 자기와 더 맞는다고 느꼈던 모양이다.

두 번째 반려견은 '부카'라는 이름의 작은 믹스견이었다. 새끼 돼지 같은 모습에 털은 얼룩덜룩했고 코는 까만 단추 같았다. 짙은 갈색 눈에 꼬리는 막대기처럼 빳빳했다. 당시 나는 스물아홉 살이었고, 호주 뉴사우스웨일스주 뉴잉글랜드 테이블랜드에 있는 작은 농장에서 남편 토니와 함께 살고 있었다. 부카는 언제나 우리를 즐겁게 해주려 했다. 활동량이 넘쳐나는 부카에게는 함께 놀 친구가 절실히 필요해 보였다. 실제로 부카는 임신한 암퇘지 호러블 하워드와 같이 놀려고 애를 썼지만, 하워드가 워낙 괴팍한지라 쉽지 않았다. 생각 끝에 우리는 유기견보호소에 가서 제리코를 데려왔다. 제리코는 금빛 털을 가진 중형 믹스견이었다. 부드러운 귀는 끝이 뾰쪽했고 얼굴과 눈 주위에 수염이 있었다. 자연스럽게 늘어진 꼬리는 길고 풍성한 것이 꼭 골든리트리버 같았다.

제리코를 줄여서 '제리'로 불렀다. 제리는 언제나 내 곁을 지키는 동반자가 되어주었다. 내가 폭력과 학대로 얼룩진 당시의 결혼 생활을 버틸 수 있었던 건 순전히 제리 덕분이었다. 4년 후, 결국 내가 토니를 떠날 때도 제리는 나와 함께였다. 우리는 함께 9미터 크기의 요트 매직호를 타고 호주 동해안을 항해했다(이와 관련된 이야기는 『세상 끝 책방 이야기』에 실려 있다). 배에서 잘 지내는 개답게 제리도 막 잡은 생선을 참 좋아했고 어떤 상황에서도 당황하는 법이 없었다. 폭풍이 몰아쳐도 깨지 않고 체인 보관함 옆에 있는 돛 더미에서 몸을 동그랗게 만 채로 편안하니 잠을 잤다. 갑판 아래에서는 절대 소변을 보지 않았고 항상 돛대 옆을 화장실로 사용했다. 급하게 대변을 볼 때도 돛대 아래 밧줄을 엮어 만든 화장실용 매트에서 잘 해결했다.

매직호가 시드니에 정박하고 내가 아파트 숙소를 얻으면서 제리는 코프스 항구에 있는 내 친구 집에서 지냈다. 그곳에서 제리는 친구네 개에게 완전히 빠져들었다. 잘생긴 블루힐러|호주산 목축견으로 공식 명칭은 오스트레일리안 캐틀 독이다_옮긴이|로 이름은 '밴조'였다. 제리는 밴조에게 깊은 애정을 쏟았다. 밴조 곁에 앉아 사랑스러운 눈빛으로 가만히 바라보곤 했다. 얼마 지나지 않아 제리가 밴조의 새끼를 가지게 되었고 자연스럽게 친구에게 입양되었다. 제리는 내가 다시 떠난나는 것을 분명히 알고 있있을 것이다.

작별 인사를 나누며 내가 제리를 꼭 안자, 제리는 내 뺨에 흐르는 눈물을 핥으며 내 눈을 똑바로 바라보았다. "그동안 생선 잘 먹었어, 고마워!"라고 말하는 것만 같았다. 하지만 곧 꼬리를 힘차게 흔들며 돌아서서는 잘생기고 덩치 큰 밴조에게 달려갔다.

훈자 이야기
훈자를 소개합니다

그로부터 4년 후, 나는 뉴질랜드에 있는 집으로 돌아왔고 이어 랜스와 함께 마나포우리에서 살게 되었어요. 얼마 지나지 않아 인버카길 시의회의 '현장 청소년 복지사'로 일할 기회가 왔지요. '현장'이라는 단어에서 자율성이 보장된 위치라는 것을 알 수 있었어요. 위원회에 정기적으로 보고하는 것 외에는 그 어떤 지시도 받지 않았지요. 사회복지과나 경찰의 간섭없이 자유롭게 청소년에게 다가갈 수 있었어요. 그렇게 몇 달이 지나자 내게는 물론 청소년들에게도 반려동물이 절실히 필요하다는 생각이 들었지요. 마음껏 사랑을 줄 수 있고 아무런 조건 없이 그 사랑을 돌려주는 반려동물이 청소년들에게 큰 도움을 줄 수 있기 때문이에요.

　랜스와 나는 남섬에서 가장 큰 도시인 크라이스트처치로 가서 독일셰퍼드를 찾기 시작했어요. 아주 어리지 않으면서 신발을 물어뜯는 시기는 지났지만, 훈련이 가능한 나이여야 했지요. 내가 믿고 의지할 수 있는 반려견을 찾고 싶었어요. 여러 강아지를 만나보고 난 뒤, 랜스는 자기 혼자 찾아보는 게 낫겠다는 결론을 내렸어요. 내가 만나는 강아지마다 마음에 들어하는 통에 결정하기가 어려웠기 때문이에요. "우아, 이 친구 봐. 너무 귀엽지 않아? 랜스, 얘는 분명 우리랑 함께 가고 싶은 거야. 어떻게 얘를 두고 집에 가, 응?" 매번 이런 식이었으니 당연한 일이었어요.

　랜스는 우리의 새 가족을 찾겠다는 일념으로 나를 이모 집에 내려놓고 마지막 후보 강아지 몇 마리를 만나보기 위해 혼자 떠났어요. 그러곤 마침내 자그맣고 털이 짧은 독일셰퍼드를 데려왔지요. 강아지는 차 뒷자리에 잔뜩 겁먹은 표정으로 앉아서, 두 귀는 축 늘어뜨린 채 커다란 눈망울로 "여기가 어디죠?"라고 묻는 것만 같았어요. 같이 태어난 새끼 중 제일 작고 약한 녀석이었기에 아무도 원하지 않았다고 했지요. 하지만 나는 녀석을 본 순간 한눈에 반하고 말았어요. **그래, 널 데려갈 거야.**

　랜스가 유기견 입양센터에서 발견한 강아지였어요. 태어난 지 12개월이 되었고 이름은 샘이에요. 입양견 보고서에는 이렇게 적혀 있었어요. "샘은 나이대에 맞게 아직 장난기가 많다. 기질은 온순하며 전반적으로 무난한 성격에 학습 속도가 매우 빠르고 새로운 환경에도 쉽게 적응한다."

보고서 끝에 참고 사항이 덧붙여 있었어요. "샘은 단호하면서도 애정 어린 돌봄이 필요하다. 또한 울타리가 잘되어 있어 자유롭게 뛰어놀 수 있는 환경과 충분한 운동이 필요하다. 아직 물어뜯는 시기이니 낡은 신발이나 고무 뼈를 제공하는 것이 좋다. 빨래가 널려 있을 때는 주의해서 지켜봐야 한다."

입양 과정 중 랜스는 우리가 왜 이 개를 원하는지 질문을 받았어요. 입양 서류에는 다음과 같은 답변이 적혀 있지요. "인버카길 현장 청소년 복지사의 동반자이자 경비견으로 함께할 것임." 샘을 입양하는 데 든 비용은 기부금 10달러가 전부였어요. 크라이스트처치에서 출발하여 마나포우리까지 도착하는 데 아홉 시간이 걸렸지요. 그 긴 시간 내내 나는 새 반려견에게 계속 말을 건네며 꼭 안아주었어요. 이미 푹 빠져버렸거든요.

집에 돌아온 뒤 강아지의 이름을 '훈자'로 바꿔주었어요.

왜 '훈자'였을까요? 내가 채식을 하기 시작한 뒤, 히말라야 산맥 깊은 산골짜기 훈자계곡에 사는 사람들에 관한 글을 읽은 적이 있어요. 그들은 세상에서 가장 건강하고 또 가장 행복한 사람들로 알려져 있어요. 게다가 암 환자가 단 한 명도 없다고 했어요. 몇몇 사람들은 그 이유를 훈자마을 사람들이 즐겨 먹는 살구씨에서 찾았지요. 살구씨에 들어 있는 '아미그달린'이라는 비타민 B17이 큰 역할을 했다고 보았어요. 훈자마을 사람들의 식단은 주로 생과일과 채소로, 육류는 거의 없어요. 나도 훈자 파이를 자주 만들어 먹는데, 만들기도 쉽고 또 비타민과 미네랄이 풍부해 채식주의자들에게 더할 나위 없이 좋답니다.

  다음 장에서 이 맛있는 훈자 파이의 레시피를 확인할 수 있어요.

훈자 파이

재료

감자 1kg

잘게 썬 시금치 또는 근대 한 다발

소금 1작은술

다시맛가루 1작은술

식물성 기름 2큰술

페이스트리 파이 생지

강판에 간 치즈 한 줌(선택 사항)

조리법

① 감자를 삶아 으깬다.

② ①에 잘게 썬 시금치, 소금, 다시맛가루, 식물성 기름을 넣어 잘 섞는다.

③ 페이스트리 파이 생지에 숟가락으로 ②를 떠서 담는다(치즈는 그 위에 뿌린다).

④ 오븐에 ③을 넣고 180도에서 45분간 굽는다.

훈자와의 특별한 인연이 조용히 시작되었어요. 훈자는 모두의 사랑을 받았고 인버카길에서 가장 유명한 개이자 제일가는 말썽꾸러기로 이름을 날렸지요. 아낌없는 사랑을 베풀었고 언제나 주저 없이 행동에 나설 준비가 되어 있었어요. 이 무렵 랜스는 피오르드랜드 해안에서 환경보전부 소속 리나운호의 선장으로 일하고 있었지요. 열흘 동안 해안으로 나가 일하고 나면 닷새 동안 집에 머물렀어요. 나는 인버카길에 아파트를 빌렸고 그의 일정에 맞춰 나도 열흘 연속 일하고 닷새를 쉬었지요. 랜스와 나, 둘 다에게 딱 맞는 시스템이었어요.

인버카길 현장 청소년 복지사에게 배당된 차는 도요타 하이에이스 밴이었어요. 큰 밴이어서 아이들 여덟 명에 훈자까지 태울 수 있었지요. 하지만 흰색이었기 때문에 뭔가를 그려 넣어서 모두가 한눈에 알아볼 수 있게 하고 싶었어요. 구세군의 직업체험 프로그램을 맡고 있는 한 강사에게 그 이야기를 했더니 자기 작업실의 '소년들'이 멋지게 해결해낼 거라고 장담하더군요. 저는 고민 없이 밴을 그에게 맡겼어요.

닷새 후 그가 전화를 걸어와 작업이 마무리되었다고 말했어요. 그의 작업실 한가운데에 아주 깨끗한 밴이 서 있었지요. 커다랗고 알록달록 화사한 지퍼가 슬라이딩도어에서 지붕 위까지 그려져 있었어요. 정말 놀라웠지요. 차 문을 옆으로 밀면 지퍼가 열리고 닫으면 지퍼가 따라 닫혔어요. 이제 내 밴은 어디서든 눈에 확 띄었답니다.

　나는 현장 청소년 복지사로 아홉 살에서 스무 살 사이의 청소년들과 함께했어요. 처음에는 내 이름을 알리기 위해 학교를 돌며 강연도 하고 아이들과 이야기도 나누었지요. 밤에는 거리를 돌아다니며 갱단의 조직원들과 안면을 텄어요. 라이온스클럽, 여성협회, 교회 모임 등 지역 단체를 찾기도 하고 경찰과 사회복지 관계자들과도 시간을 내어 대화를 이어갔지요. 내 사무실이 따로 있긴 했어요. 아주 작은 공간으로 시내 중심가의 상점들이 즐비한 곳 2층에 있었지요. 하지만 실제 내가 주로 일하는 곳은 훈자와 함께 있는 밴 안이었어요.

　일을 시작한 지 얼마 지나지 않아 인버카길 어디에서나 나와 훈자를 알아보았어요. 덩달아 내 사무실 전화는 끊임없이 울렸지요. 당시엔 아직 휴대전화라는 말조차 없었을 때라, 자동응답기가 바쁘게 돌아갔어요. 훈자는 사무실에서 나와 함께 있지 않을 때는 밴에 있었지요. 주차한 다음에도 나는 항상 차 문을 잠그지 않았고 아이들은 밴에 뛰어들어 훈자와 함께 놀곤 했어요. 사무실 창으로 내다보면 훈자가 열렬한 팬에 둘러싸여 있는 모습을 볼 수 있었지요.

　어느 날부턴가 작은 마오리 소년 한 명이 밴에서 훈자 곁에 웅크리고 앉아 나를 기다리는 날이 이어졌어요. 훈자는 그 아이 옆에 조용히 누운 채로 경계를 늦추지 않고 있었지요. 시간이 지나 그 소년이 아홉 살이라는 걸 알게 되었어요. 아이가 내게는 말을 걸지 않았지만, 훈자와는 쉬지 않고 이야기했어요. 집에 데려다주는 길에 아이는 훈자에게 속삭이며 자신의 비밀을 털어놓곤 했습니다. 집에 도착하면 아이는 마지못해 밴에서 내려 입을 꾹 다문 채 타박타박 집으로 들어갔지요. 아이의 사연이 궁금했고 무척 걱정도 되었지만, 나로선 아이가 내게 이야기할 준비가 될 때까지 그저 기다릴 수밖에 없었어요.

몇 주가 지났을까, 여느 때처럼 아이를 태워 집에 데려다주는 중에 뒷좌석에서 아이가 훈자에게 이렇게 말을 건네는 걸 들었어요. "훈자, 나랑 같이 집에 갈까? 서로 지켜주면 되잖아. 너라면 우리 아빠를 쫓아낼 수 있을 거야, 그렇지?"

그렇게 말하고선 아이가 훈자를 꼭 끌어안았어요. 차 안에는 침묵만이 흘렀지요.

나는 밴을 세웠어요. 그러고는 뒷자리로 넘어가 훈자와 아이를 보고 앉았지요. "훈자를 집으로 데려갈 수는 없단다, 얘야. 그래도 우리가 함께 뭔가를 해볼 수는 있을 거야."

아이의 눈에 물기가 번졌어요. 눈물을 감추려 고개를 저으며 아이가 말했지요. "꼭 훈자랑 가야 해요. 훈자는 다 이해하니까요."

"훈자가 뭘 이해한다는 걸까?"

"모든 걸요."

"아빠가 몇 시에 집에 오시지?"

"저녁 먹을 때쯤요." 아직 다섯 시 전이라 아이의 아빠가 집에 오기까지는 시간이 좀 남아 있었어요. 급히 밴을 몰아 아이의 집으로 갔어요. 아이에게 밴 안에서 훈자와 같이 기다리라고 말한 뒤, 아이의 엄마를 찾아갔지요. 노크를 하기도 전에 현관문이 열렸어요. 아이 엄마가 멍든 얼굴로 서 있었어요. 이빨도 몇 개 부러진 게 보였지요.

"나는 루스라고 해요. 아이는 밴에서 훈자와 함께 있어요. 안전해요…."

아이 엄마가 내 말을 끊고 답했어요.

"훈자라면 나도 잘 알아요. 고마워요."

"자, 안전한 곳으로 데려다줄게요. 얼른 필요한 물건만 챙기세요."

아이 엄마가 눈물을 글썽인 채 나를 바라보더니 움켜쥐듯 나를 꽉 껴안았어요.

"어서요. 도울 수 있게 해주세요." 내가 간절히 부탁했지요.

아이 엄마가 고개를 조금 끄덕이더니 안으로 들어갔어요. 나도 따라 들어갔지요. 우리는 재빨리 가방을 싸기 시작했어요. 옷가지, 장난감, 신발, 칫솔, 그리고 화장품 몇 개도 챙겼지요. 문을 닫고 서둘러 밴으로 달려갔어요. 엄마가 아이를 끌어안으며 눈물을 흘렸어요. 한 팔을 뻗어 훈자까지 꼭 껴안으면서요.

"고마워, 훈자. 진짜 고마워. 넌 정말 소중한 친구야."

경찰서로 가서 상황을 이야기했어요. 나중에 아이의 아버지가 자신이 학대했던 가족을 되찾으려 했으나 다행히도 뜻을 이루지 못했지요.

이번 일이 훈자가 처음으로 해결한 사건이었어요. 이런 일이 한 번으로 멈췄을까요?

자그마한 책방 둘과 스너그

마나포우리에 있는 나의 책방은 이제 꽤 유명해졌다. 첫 책 『세상 끝 책방 이야기』가 출간된 후로 사람들이 계속 찾아온다. 마나포우리는 뉴질랜드 서쪽 끝에 있는 작은 마을로 피오르드랜드 국립공원과 맞닿아 있으며 인구는 222명에 불과하다.

    내가 처음 생각한 건 그저 작은 책방 하나였다. 그 마음으로 길가에 있는 작은 오두막 벽에다 '자그마한 책방'이라는 이름을 써넣었다. 나는 늘 책을, 그리고 책을 좋아하는 사람을 사랑해왔다. 그러니 이 책방이 내게 더 많은 책을 사들일 핑계, 아니 기회가 되어준 건 당연한 일이었다. 일 년이 지나자 이번엔 더 작은 두 번째 책방이 트레일러에 실려 도착했다. 담장 수풀 쪽으로 깊숙이 들어가 처음 자리 잡은 책방을 비스듬히 마주 보고 서 있다. 아주 포근한 공간으로 어린이 전용 책방이다. 자그마한 책방 둘만으로는 충분치 못했을까? 나는 오래된 영국 리넨 옷장을 들여와 더 작은 세 번째 책방을 만들었다. 베란다를 내고 벤치를 고정하고 나니 아늑한 공간이 되었다. 우리는 세 번째 책방을 '스너그'라고 불렀고 세 책방 다 아주 밝은색으로 칠했다. 봄이 오면 빨강, 노랑, 파랑, 주황, 초록 등 책방의 화사한 색깔이 정원의 꽃들과 어우러져 동화 속 세상 같은 분위기를 빚어낸다. 이 아름다운 '자그마한 책방 셋'은 그저 단순히 책 파는 곳이 아니다. 편안한 쉼터, 안전한 피난처가 되기도 하고 우정을 나누고, 울고 웃을 수 있는 장소이기도 하다.

어느 날 아침, 내 소중한 남편 랜스가 여느 때처럼 우리의 1961년식 밝고 선명한 연두색 작은 피아트 자동차를 마을 초입 도로에 세워두었다. 차에는 '뉴질랜드에서 가장 작은 서점'이라는 광고판이 달려 있다. 홈스트리트가 시작되는 모퉁이에 '책방 열림' 안내판을 세워놓고 책방 사이의 마당 공간에 테이블을 펼친 뒤 책을 쌓아놓았다. 얼마 안 있어 캠핑카가 와서 멈추었다. 이날의 첫 손님이었다.

편안한 옷차림의 여자가 얼굴 가득 미소를 지으며 들어왔다. "책방 문이 열려 있어 정말 좋군요"라며 인사를 했다. 여자의 남편은 이미 벤치에 자리를 잡고 스너그 책장에 꽂혀 있는 트랙터, 기차, 자동차, 오토바이, 농사, 낚시, 사냥 등의 책에 빠져 있었다. 그들과 인사를 나누고 돌아서는데 여자가 갑자기 소리를 질렀다. "조지! 조지! 이것 봐, '우프' 책이 있어!"

아누스카 존스가 쓴 『우프, 개를 사랑하는 사람을 위한 행복의 책 Woof: A Book of Happiness for Dog Lover』이라는 제목의 책을 선반에 올려놓더니 바로 캠핑카로 달려갔다. 차 문을 옆으로 밀어 열자마자 작은 개 한 마리가 뛰어나왔다. 짧은 털에는 흰색과 갈색이 섞여 있었다. 곧장 나무 기둥으로 달려가 주변에 소변을 보며 아주 후련하다는 표정을 지었다. 그다음 물 한 모금을 마시더니 바로 남자의 무릎으로 뛰어올랐다.

"이 친구 이름은 뭐예요?" 내가 물었다.

"우프우프 |개 짖는 소리를 표현하는 의성어로 우리말의 '멍멍'과 비슷하다_옮긴이| 예요. 우리 우프우프를 위해 이 책은 꼭 사야겠어요."

내가 정말 제대로 들은 게 맞나?

그들은 책 세 권을 사서 떠났다. 남자는 낚시책을, 여자는 휴가 때 읽을 책을 골랐다. 그리고 우프우프를 위한 책 『우프』도 챙겼다.

이때 내게 아이디어 하나가 퍼뜩 떠올랐다. 바로 이 책 『책방과 개』를 써야겠다는 생각이었다. 정말로 많은 개가 우리 책방을 찾는다. 우리 마을에 사는 개도 있고, 휴가를 즐기러 온 개도 있다. 여기 우리 마을 마나포우리에, 혹은 이 인근에 별장을 둔 운 좋은 개들이다. 그리고 '여행하는 개'도 있다. 주인과 함께 타고 오는 교통수단이 아주 다양한지라 책방에 도착하는 모습도 가지각색이다. 자동차나 SUV 뒷자리에서, 혹은 캠핑카에서 창문 밖으로 머리를 내민 채 오기도 하고, 어떨 땐 앞자리에 당당히 앉아 운전을 돕는 듯한 자세로 책방에 도착한다. 특이하게도 작은 창문이 달린 트레일러를 타고 오기도 한다. 그 트레일러는 보통 자전거에 매달려 있다. 요즘은 대부분 전기 자전거인지라 심심치 않게 볼 수 있는 장면이다.

세상의 모든 개는 저마다의 이야기를 간직하고 있다. 그중 몇 가지만 이 책에 담아보았다. 책방을 지키는 특별한 두 친구, 훈자와 코브 이야기도 나온다.

사진가 데인티와 셰이디레이디

그레이엄 데인티가 가는 곳엔 언제나 셰이디가 함께한다. 셰이디는 호주산 블루힐러로 고지대 목축견의 혈통을 지녔다. 이 종은 소와 다른 가축을 다루는 능력이 뛰어나고 빨리 달리는 걸로 유명하다. 테아나우 근처 농장에 사는 한 여인이 50세 생일에 셰이디를 선물로 받았다. 이 당시 셰이디는 작고 귀여운 강아지였다. 그레이엄은 키가 아주 컸고 항상 반바지를 입고 다녔다. 다른 사람들은 모두 그를 데인티라고 불렀다. 전기 기사인 데인티는 어느 날 이 농장에서 일하게 되었다. 그가 가는 곳마다 호기심 많은 농장 주인의 블루힐러 한 마리가 그를 졸졸 따라다녔다. 바로 셰이디였다.

데인티의 주변을 맴돌며 집중하는 셰이디의 표정은 느긋하면서도 자신감이 넘쳤다. 데인티가 농장 주인에게 정말 대단한 개라며 셰이디 이야기를 꺼냈다. 셰이디가 고작 6개월밖에 되지 않은 강아지라는 걸 알고 데인티는 깜짝 놀랐다. "정말요? 말도 안 돼요. 6개월이면 한창 장난이 심할 땐데…."

마침 여러 이유로 더 이상 개를 키울 수가 없어서 새로운 주인을 찾고 있다고 농장 주인이 덧붙였다. 데인티는 마치 사랑에 빠진 열여섯 살 소년처럼 셰이디 생각을 떨칠 수가 없었다. 결국 일주일 후 셰이디가 데인티의 작업용 밴에 올라탔고 조수석에 편안히 앉아 그의 집으로 향했다.

농장에서 살던 셰이디는 데인티를 따라 도시로 왔고 이제는 다른 삶을 살아야 했다. 다행히도 블루힐러는 영리한 편이라 도시에 아주 빠르게 적응했고 그렇게 블루칼라 셰이디가 되었다. 이제 셰이디는 날마다 데인티의 밴을 타고 함께 출근한다. 건설 현장에서 일하는 데인티와 그를 지켜보는 것이 마냥 즐거운 셰이디는 서로에게 둘도 없는 친구가 되었다. 물론 셰이디는 가끔 혼자 나가서 작은 모험을 즐기기도 한다. 장난치는 걸 포기하진 않은 것이다.

무릇 개들은 긴 시간 별다른 움직임이 없거나 관심을 받지 못하면 바로 지루해한다. 셰이디도 다르지 않다. 데인티가 일하고 있을 때 그의 다리 뒤쪽을 슬쩍 건들며 '이제 좀 놀지, 응?' 하는 눈빛을 보낸다. 아니면 나무 조각을 가져와 던져 달라고 조른다. 하지만 데인티가 나무 조각을 던져도 셰이디는 신나게 달려가 물고선 늘 반쯤 오다 말고는 '됐지?' 하는 표정으로 멈추어 서곤 한다. 데인티가 일에 바빠 모른 척하면 셰이디는 직접 놀거리를 찾아 나선다. 적당한 배관 조각을 찾아내 질경질경 씹으며 장난을 치는 것이다.

셰이디는 농촌 지역으로 일하러 가는 것을 가장 좋아한다. 시골에서는 토끼를 쫓을 수도 있고 오래된 뼈를 찾아 땅 파기도 맘껏 할 수 있기 때문이다. 그렇게 열심히 놀고 있을 때면 데인티가 가자고 불러도 여간해선 말을 듣지 않는다. 마음껏 논 다음에야 후다닥 달려오는데, 그럴 때 셰이디의 얼굴엔 소리 없는 웃음이 넘쳐난다.

화창한 일요일엔 햇볕 아래 벌렁 누워 네 다리를 하늘로 향한 채 일광욕을 즐기기도 한다.

데인티는 휴가 때는 물론 조금만 시간이 나도 책을 읽는다. 도서관에 자주 가고 책을 꾸준히 모은다. 주로 새로운 걸 배울 수 있는 책을 좋아하고 여행책도 즐겨 읽는다. 사진집도 좋아하는데 그저 아름답기만 한 것보다는 사진 기술에 관한 책을 더 선호한다. 섀클턴과 스콧의 남극 오두막을 담은 제인 어서의 『스틸 라이프Still Life』나 단풍나무로 만든 독특한 표지와 섬세한 인쇄 품질이 인상적인 마이클 케너의 『홋카이도Hokkaido』처럼 완성도 높은 사진집을 보면 그냥 지나치질 못한다.

데인티는 인터넷이 일반화된 지금도 여전히 책에 머리를 묻고 있다. 늘 새로운 무언가를 배우려고 하고 장르와 경계를 넘나들며 폭넓은 독서를 즐긴다. 사진에서부터 음악가와 그들의 전기, 인간의 인내와 탐험, 오토바이 여행 이야기까지 실로 끝이 없다. 그리하여 테드 사이먼의 『주피터의 여행Jupiter's Travel』, 로버트 맥팔레인의 『언더랜드』와 『오래된 방식The Old Ways』 같은 책이 그의 서재에 자리 잡았다.

데인티는 피오르드랜드 카메라 클럽의 회장을 맡고 있다. 이 클럽은 무려 35년 전에 데인티, 랜스와 나, 그리고 사진에 진심인 다른 아마추어 사진가 몇몇이 함께 모여 만든 동호회다. 우리는 모두 여행을 좋아했고 밖에서 '뭔가를 하는 것'에 관심이 많았다. 클럽 초창기에는 별다른 규정 없이 느슨하게 운영됐지만, 체계가 잘 잡힌 사우스랜드 사진협회의 월간 미팅에는 항상 모두가 참석했다. 우리는 기존의 틀을 깨는 다양한 촬영 방식을 즐겨 사용했다. 협회가 주관한 사진대회에서 우리 클럽이 다수의 상을 수상하며 관계자들에게 놀라움을 안겼다.

데인티는 뉴질랜드 사진협회의 여러 소모임에 적극적으로 참여한다. 회원들과 사진에 관한 대화를 주고받고 사진 지식을 공유한다. 30여 년이 지난 지금도 우리 피오르드 카메라 클럽 소모임이 해마다 협회의 트로피를 대부분 쓸어오고 있다.

1994년 데인티는 랜스가 선장으로 일하는 에보헤호에 승무원으로 합류했다. 에보헤호는 랜스와 내가 차린 여행사의 첫 번째 배다. 남극의 캠벨섬까지 가는 것은 데인티의 첫 항해이자 처음 겪는 모험이었다. 그의 출중한 사진 실력은 다른 승무원들에게 깊은 인상을 남겼다. 하지만 아쉽게도 그의 해상 적응력은 사진 실력을 따라가지 못했다. 그는 항해 내내 심한 뱃멀미에 시

달렸다. 그래도 데인티는 인간의 손이 닿지 않은 자연을 위해서라면 그 정도쯤은 감수할 수 있었다.

지금도 데인티는 항상 카메라 가방을 가지고 다닌다. 결정적인 순간을 포착할 수 있도록 준비하는 것이다. 데인티가 어디를 가든 충실한 반려견 '셰이디 레이디'가 늘 그의 곁을 지키고 있기에 현장 기술자들 모두 셰이디를 알고 있다. 언제나 어느 현장에서나 함께하는 데인티와 셰이디 레이디. 이들을 소울메이트라 불러야 하지 않을까. 사실 셰이디 입장에서 보면 데인티 같은 주인을 만났다는 건 참 다행스러운 일이다. 데인티는 '개는 개다워야 한다'라고 생각한다. 개 본연의 습성과 본능을 존중하며 자연스럽게 키워야 한다고 믿는 것이다. 그래서인지 셰이디에게 명령은 그저 제안일 뿐이다. 명령을 받고도 선택지를 저울질하듯 한동안 고민하는 표정을 짓곤 한다. 물론 결국에는 명령을 따른다. 데인티도 조금 기다려 준다. 그러다가 그가 좀 더 단호하게 명령을 반복하면 그제야 셰이디는 "아 네, 알겠어요"라는 표정으로 명령에 따른다.

책방 주변에 전기 작업이 필요할 때면 나는 주저 없이 데인티와 셰이디에게 연락한다. 이 책의 사진 작업을 앞두고도 데인티를 떠올렸다. 그의 아름다운 사진, 셰이디와의 끈끈한 유대감, 전문적이면서도 친근한 태도를 생각하면 당연한 일이었다.

훈자 이야기

훈자, 실종되다

나는 경찰 소속은 아니었지만 경찰서에 자주 들렀어요. 경찰 내 청소년 지원 담당자인 브루스와 협업해야 할 일도 많았지요. 브루스는 이해심도 많고 공정했으며 무엇보다 내가 하는 일을 적극 지지해주었어요. 사실 내가 함께 일하는 청소년 중 상당수는 이미 '경찰에 알려진' 아이들이었지요.

경찰서에 들를 때면 나는 언제나 훈자를 입구에 묶어두고 기다리게 했어요. 훈자는 말썽 피우지 않고 늘 조용히 기다렸지요. 그러던 어느 날 오후 큰 문제가 생겼어요. 일을 마치고 나왔는데 훈자가 사라지고 없는 거예요. 목줄도 남아 있지 않았어요. 나는 급히 경찰서 안으로 들어가 당직 경찰관에게 상황을 설명했어요. 하지만 경찰관은 별 관심을 보이지 않았지요. "곧 돌아오겠죠. 아니면 집으로 가겠지요. 걱정하지 마세요."

혼자서 밴을 몰고 인버카길 거리를 뒤지기 시작했어요. 훈자의 흔적을 찾아 공원과 학교 운동장도 샅샅이 살폈지요. 하지만 훈자는 어디에도 없었어요. 삽시간에 훈자가 실종되었다는 소식이 퍼졌고 훈자를 아는 사람들 모두 충격을 받았지요. 누군가 의도적으로 훈자를 데려간 게 분명했기 때문이에요. 훈자의 친구들 모두가 거리로 나와 찾기 시작했어요. 울먹이는 아이도 있었고 분노하는 아이도 있었지요. 웬만한 일에는 끄떡도 안 하던 갱단 아이들까지 나서서 훈자를 찾으며 나를 도왔어요. 지역 라디오 방송에서도 훈자의 실종 소식을 보도했어요.

"훈자를 데리고 계신 분은 꼭 연락 주시길 바랍니다. 어디에든 훈자를 놔두기만 하면 우리가 데려가겠습니다."

며칠이 지났을까, 아무런 소식도 없었어요.

마침내 라디오 방송국으로 익명의 전화가 걸려왔어요. 인버카길 남부의 한 빈집에 훈자가 있다는 제보였지요. 경찰이 바로 현장으로 가서 훈자를 찾아냈어요. 훈자는 굶주리고 꾀죄죄한 모습이었지만 그래도 건강한 상태였어요. 훈자를 데리러 경찰서에 갔을 때 용의자가 유치장에 갇혀 있다는 말을 들었지요. 용의자는 매일 오후 경찰서에 출석해야만 하는 사람이었어요. 그가 경찰서 입구에 묶여 있는 훈자를 경찰견이라 여기고 집으로 몰래 데려갔다고 해요. 잘 훈련된 경찰견을 키운다고 친구들에게 자랑하고 싶었다는 것이었지요.

하지만 어떠한 명령에도 훈자는 전혀 반응하지 않았을 테고, 한껏 기대에 부풀었던 그는 곧 좌절했을 거예요. 훈자는 어디까지나 평화주의자거든요. 명령에 따라 앉고 일어나며 눈치가 빠르고 사람의 기분을 맞추려 애를 쓰는 편이긴 하지요. 하지만 '멈춰!' '공격!'과 같은 단어는 결코 훈자의 사전에 없었어요. 그 사람은 어떻게 해서든 공격적인 명령에 즉각 반응하게 만들려고 애썼지만 결국 나흘 만에 포기하고 말았지요. 훈자가 독일셰퍼드이긴 하지만 훈련된 경찰견이 아니라 그저 사람들을 기쁘게 하고 같이 노는 걸 좋아하는 반려견이라는 사실을 뒤늦게 깨달은 것이지요.

담당 경찰이 웃으며 내게 훈자를 돌려주었어요.

"루스, 이번 일을 어떻게 처리할까요? 당신이 원하면 범인을 기소할 수도 있고 아니면 우리에게 맡기는 방법도 있어요."

"저는 훈자를 되찾은 것만으로 충분합니다. 기꺼이 맡길게요."

그러자 그가 더 활짝 웃으며 답했어요.

"네, 좋군요. 그 사람에게 진짜 경찰견을 소개해줄 참입니다. 그걸로 충분할 겁니다."

경찰견을 용의자가 있는 유치장으로 들여보낸 뒤, 남자가 움직이지 않는 이상 가만히 있도록 명령했다고 해요. 하지만 용의자가 조금이라도 움직이면 '잡아!'라는 명령에 따라 즉시 제압하도록 훈련되어 있었지요. 이게 얼마나 진행되었는지는 모르겠지만 상상만 해도 웃음이 절로 나왔어요. 훈자를 훔쳐 갔던 남자는 유치장 안에서 겁먹은 얼굴로 꼼짝도 못하고, 무서운 경찰견은 남자가 움직이기만 기다리며 눈을 부라리고 있는 장면이 훤히 그려졌어요.

훈자가 무사히 돌아오자 모두가 기뻐했지요. 훈자는 낑낑거리기도 하고 컹컹 짖기도 하며, 신이 나서 모험담을 들려주었어요. 그러고 나서는 어서 빨리 밴을 타고 나와 함께 현장으로 가고 싶어 안달을 냈지요.

따뜻한 목욕을 하고 슥슥 빗질까지 마무리한 훈자는 편안하게 푸짐한 식사를 끝내고는 총총 발걸음을 옮겨 다시 자기 업무로 돌아갔답니다.

멧돼지 사냥개 럭키

'자그마한 책방 하나'를 열고 얼마 되지 않은 어느 날, 짙은 색깔 머리에 키가 아주 큰 남자가 성큼성큼 책방으로 들어왔다. 자신감 넘치는 건장한 모습으로 젊은 농부나 사냥꾼으로 보였다. 체크무늬의 두꺼운 야외용 셔츠에 반바지, 튼튼한 부츠를 신은 그가 '딘'이라며 자신을 소개했다. 그는 피오르드랜드 관련 서적을 뒤적이다가 마침 자신이 찾고 있던 책을 발견했다. A.C. 베그와 N.C 베그의 『프리저베이션 항Port Preservation』이라는 책이었다. 책을 찬찬히 훑어보던 그의 눈길이 A.C 베그의 아들 사진에서 멈추었다. 그는 내게 다가와 조심스럽게 말을 건넸다. "실은 이 책을 쓰신 A.C 베그가 제 큰할아버지랍니다."

이후로도 딘은 계속 책방을 찾아왔다. 혼자 오기도 했고 아내 사라와 세 아이 렉스, 조, 플로시와 함께 찾아오기도 했다. 열렬한 독서가인 아빠 못지않게 아이들도 책을 무척 좋아하여 바로 어린이 책방의 단골손님이 되었다.

딘과 사라는 크라이스트처치의 리카턴 경마장에서 처음 만났다. 당시 딘의 아버지가 승마 경주에 출전하고 있었고 사라는 링컨대학교 졸업반 학생이었다. 몇 년을 연애하다가 마침내 딘이 용기를 내어 약혼반지를 준비했다. 하지만 실제로 딘이 청혼하기까지는 무려 18개월이나 더 걸렸다. 딘과 사라는 마나포우리에 휴가용 집을 마련했다. 그들의 첫째 아이가 바로 『세상 끝 책방 이야기』에서 맹활약한 책방 조수 렉스다.

딘이 책에 빠지게 된 건 일곱 살 무렵이었다. 당시 아빠가 가지고 있던 배리 크럼프의 책들을 한 권, 한 권 다 읽으면서 책 사랑이 시작됐다. 그는 닐 맥너튼의 『탯, 뉴질랜드 양치기 개 이야기Tat: The Story of a New Zealand Sheep Dog』라는 책을 지금까지도 기억하고 있다. 1970년에 발간된 이 책은 뉴질랜드 남섬의 양치기견 탯이 어린 강아지에서 성견으로 자라기까지의 이야기를 그리고 있다.

고등학생이 되어 한동안 책에 흥미를 잃기도 했지만, 딘은 20대에 들어서 다시 독서의 매력에 빠졌다. 책을 읽고 있노라면 마음이 평온해지고 긴장이 풀렸다. 특히 농장 일을 마친 후에 책을 읽으면 심신을 안정시키는 효과도 있었다. 또한 그는 책을 통해 새로운 지식을 배우는 걸 좋아했다. 그렇게 책을 많이 읽으면서도 딘은 자신이 기억하는 건 15퍼센트 정도일 뿐이라는 말을 덧붙이곤 한다. 그는 사냥이나 낚시하러 갈 때도 언제나 책을 챙긴다. "읽을 책을 지니고 있지 않으면 불안해져요"라고 그는 말했다. 침대 옆에도 책을 쌓아두고 있고 나중에 아이들이 커서 읽을 책을 미리 챙겨두기도 한다. 딘은 독서가 자신의 유전자에 각인되어 있다고 믿는다.

딘은 엄청난 다독가여서 종종 내게 책을 빌리기도 하고 본인 책을 빌려주기도 한다. 때로는 랜스를 위해 멧돼지 고기 한 덩어리나 뱅어 몇 마리, 전복이나 바닷가재 등을 주고 간다. 누가 봐도 이 거래에서 이득을 보고 있는 쪽은 나인 것이 틀림없다.

딘의 가족은 집안 대대로 '버치우드 스테이션'이라는 농장을 백 년이 넘는 세월 동안 운영해왔다. 이 농장은 1867년 제임스 가드너가 설립했다. 제임스 가드너는 손님을 환대하는 것으로 유명했다. 수백 명의 손님을 초대해 며칠 동안 파티를 열곤 했다. 1886년에 그가 시작한 버치우드 헌트는 지금까지도 이어져 오고 있다.

12년 전에 딘이 이 농장을 이어받았다. 딘의 아버지가 평생 열정을 쏟아부었던 승마 경주에 몰두하고 싶어 했기 때문이다. 딘은 지금도 로미니 품종의 암양과 헤리퍼드 품종의 암소를 키우며 농장을 운영하고 있다.

사냥을 무척이나 좋아하는 딘은 '럭키'라는 사냥개를 키우고 있다. 럭키는 근육질의 콜리 믹스견으로 사람을 잘 따르며 자기 임무에 충실한 사냥개다. 그런데 2021년, 돼지 사냥을 하던 중에 럭키가 사라진 적이 있다. 딘이 계속 럭키를 부르며 그 넓은 지역을 찾아다녔지만 럭키는 보이지 않았다. 세 시간이 지나자 딘은 수색을 포기하고 집으로 돌아갈 수밖에 없었다. 8킬로미터 정도 가다가 혹시나 하는 마음에 차를 멈추고 럭키의 소리가 들리는지 귀를 기울여 보았다. 놀랍게도 멀리서 짖는 소리가 들려왔다. 딘은 또 다른 반려견 클로드와 함께 소리가 나는 쪽으로 재빨리 달려갔다. 그곳에 럭키가 성난 멧돼지를 붙잡고 있었다. 임무를 완수한 뒤 주인이 올 때까지 꼼짝하지 않고 있던 럭키는 완전히 지쳤지만 행복한 표정으로 딘을 반겼다.

이 이야기를 들으니 나는 세 시간 동안이나 멧돼지를 몰아세우고 있었을 가엾은 럭키의 모습이 그려졌다. 그 마음을 헤아려보자니 절로 웃음이 났다. '대체 주인은 어디에 있는 거야? 내가 꼭 이 모든 일을 다 해야 해? 뭐, 집에 처박혀 책 읽고 있는 거 아냐, 또!'

훈자 이야기
훈자 없이 떠난 캠핑

내가 도와주는 청소년들은 거의 다 인버카길을 벗어나 본 적이 없어요. 거리에서는 거친 친구들이 피오르드랜드 숲속에서는 어떤 모습을 보일지 궁금했지요. 전기도 없고 직접 음식을 해 먹어야 하며 간이 화장실밖에 없는 숲속 오두막에서 과연 친구들이 잘 지낼 수 있을까요? 그래서 함께 가보기로 했어요.

우선 강해 보이는 친구들을 모았지요. 스킨헤드족 몇 명과 펑크족 한 명, 13살부터 이미 자동차 절도범으로 이름을 날린 친구 한 명, 마지막으로 칼을 잘 다루는 다혈질의 14살 케이시였어요.

우리는 밴을 타고 인버카길에서 마나포우리까지 가서 훈자를 랜스에게 맡겼어요. 국립공원에는 개의 출입이 허용되지 않기 때문이지요. 호프암헛에서 두 밤을 보내기로 했어요. 필요한 음식과 다른 물건들을 챙겼지요. 우리 집에는 캠핑용품이 많았기 때문에 침낭 몇 개도 같이 챙겼어요. 호프암헛까지는 느린 걸음으로 세 시간 정도 걸리지요. 울창하게 우거진 너도밤나무 숲 아래 촉촉한 습지와 초록 잎사귀가 끝없이 이어져요. 캠핑을 앞두고 내 걱정은 전혀 하지 않았어요. 오히려 친구들이 나서서 나를 챙겨줬지요. 그동안 같이 지내온 시간 동안 신뢰를 쌓아온 덕분이었겠지요.

출발하기 전에 약물이나 무기를 소지하지 말 것을 당부했고 다행히 친구들이 잘 따라줬어요. 작은 배를 타고 와이아우강 하류를 건넌 다음 표지판을 따라 걷기 시작했어요. 외부에서 들어온 포식자로 인해 예전과 달리 새들이 많이 없었지요. 숲은 고요했어요. 자기들이 누비던 인버카길 길거리와는 너무도 달랐기에 친구들은 큰 충격을 받았어요. 인버카길이 매우 작은 도시임에도 그 차이가 너무 컸던 거예요. 이제 친구들에게 더 이상 거친 모습은 보이지 않았어요. 그저 말없이 서로 뭉쳐 천천히 걸어갔지요.

25분 정도 걸었을까, 한 아이가 물었어요. "얼마나 남았어요? 길이 더 넓어지기는 하나요?"

"앞으로 이런 길을 두 시간 반은 더 걸어야 해. 그러니 긴장을 풀고 자동차 매연이 없는 신선한 공기와 이 고요함을 즐겨보렴." 하지만 자기들이 누비던 거리에서 멀어진 친구들은 잔뜩 긴장한 상태였어요. 숲에서 대체 뭘 얻을 수 있지? 오히려 더 위험한 곳 같은데? 아무도 이곳에 살지 않는다는 것과 경찰과 마주칠 일 없이 자유롭게 걸을 수 있다는 것을 친구들은 전혀 이해하지 못했어요.

곧게 뻗은 팔다리에 마른 체형의 스킨헤드족 친구가 경계를 늦추지 않고 있었어요. 잔뜩 긴장한 자세로 언제라도 뛰어들 준비가 되어 있었지요. 작은 습지를 건넌 뒤 나는 통나무에 걸터앉아 친구들에게 쉬어 가자고 말했어요. 사과를 건네주며 덧붙였죠. "목이 마르면 근처의 시냇물을 마셔도 된단다."

"난 그 더러운 물 안 마실 건데…" 한 친구가 볼멘소리로 투덜거렸어요.

또 다른 친구가 묻기도 했어요. "우리가 가는 곳에 맥도날드는 있나요?"

내가 손을 모아 시원한 시냇물을 떠 마시는 걸 직접 보여줬어요. 그리고 모두가 해보지 않으면 출발하지 않을 거라고 말했지요. 한 명씩 쭈뼛쭈뼛 개울가로 다가가 무릎을 꿇고 두 손을 모아 시냇물을 떠 마셨어요. 처음 해보는 것에 점차 자신감을 얻어가는 모습을 흐뭇하게 바라보았지요. 그렇게 친구들은 이야기를 나누며 웃는 모습도 보였어요. 도시에서는 거의 보지 못한 모습이었지요. 숲과 숲에 사는 사슴, 주머니쥐, 새들에 대해 알려주고 숲이 어떻게 지구를 살아 숨 쉬게 하는지 이야기해줬어요. 친구들은 숨소리도 줄인 채 집중해서 들었지요.

세 시간 동안 천천히 걸어 마침내 오두막에 도착했어요. 오두막은 호숫가 바로 옆 숲에 자리 잡고 있었어요. 우선 간이 화장실 사용하는 방법을 설명했지요. 다행히 몇몇은 간이 화장실에 익숙해 보였어요. 침대를 배정한 뒤 불을 피울 나뭇가지를 찾아 밖으로 나갔지요. 친구들은 처음엔 내게 바짝 붙어 따라왔어요. 시간이 지나면서 점차 자신감이 붙자 멀리까지 가서 더 큰 나무 조각을 들고 돌아와 자랑스럽게 내밀었어요.

우리는 호숫가에 앉아 햇빛을 즐기며 내가 만들어온 샌드위치를 점심으로 먹었어요.

"그 부츠를 벗고 맨발로 호수를 느껴보는 건 어떨까?" 한 친구에게 슬쩍 떠보았어요. 나는 이미 맨발이었지요. 따스한 돌의 온기가 내 몸을 감돌며 대지와 나를 조용히 이어주고 있었어요. 모두가 나를 따라 신발을 벗었어요. 햇볕 아래 창백한 발과 부드러운 발바닥이 줄줄이 드러났지요.

리차드 바크의 『갈매기의 꿈』으로 이야기를 시작했어요. 인버카길에서 출발하기 전 이 책의 일부분을 친구들에게 미리 읽어주었거든요.

"조나단이 두려움을 어떻게 극복했는지 기억나니?" 친구들에게 질문을 던졌어요.

"조나단은 살아 있음을 온몸으로 느끼며 기쁨에 전율했고, 두려움을 스스로 이겨냈다는 사실에 뿌듯함을 느꼈지. 이 모든 게 생소하겠지만 너희들도 날 수 있어. 하늘이 아니라 바로 여기에서. 누구도 너희들의 한계를 정할 수는 없어. 너희들 자신이 막을 뿐이지. 자, 이제 나가서 탐험을 해보렴. 멀리 저 호수 끝까지 가봐도 돼. 다만 호수 주변을 벗어나지는 말고. 나는 너희들이 돌아올 거라고 믿는단다."

친구들이 모두 조심스레 나를 바라보았어요. 하지만 그 누구도 꿈쩍하지 않았지요.

"여기서 너희를 해칠 건 없단다. 호수 근처에만 있으면 돼. 너희들 모두 거리에서 살아남을 수 있잖아. 그러니 여기서도 해낼 수 있을 거라고 믿어."

스킨헤드족 세 명이 슬그머니 몸을 일으켜 툭툭 바지를 털고는 말없이 일어났어요. 맨발로 조심스럽게 돌멩이와 바위를 밟아보기 시작했지요. 더 나아가 물에 발을 담그기도 했어요. 나는 그들이 웃으면서 천천히 얕은 물을 건너는 모습을 지켜보았지요.

오두막을 우리끼리만 쓰기 바랐는데 아쉽게도 다른 손님이 있었어요. 우리 마을에 사는 소년 한 명이 나타난 거예요. 나도 잘 아는 아이였지요. 트레킹 복장에 배낭을 등에 메고 허리춤에는 칼 한 자루를 차고 있었어요. 소년은 배낭을 침대 하나에 던져놓고 내가 앉아 있는 호숫가로 내려왔어요.

"루스, 여기는 웬일이에요? 저기 있는 침낭들은 다 누구 거죠?" 그 아이에게 우리가 여기서 캠핑하며 이틀 밤을 보낼 거라고만 말하고 다른 설명은 하지 않았어요. 소년은 오두막으로 돌아가 작은 난로에 불을 붙였지요. 그 난로가 오두막의 유일한 난방 기구였어요.

우리 친구들이 모두 돌아왔어요. 그중 두 사람은 이미 숲과 자연의 매력에 깊이 빠져 들뜬 표정으로 이야기를 이어가고 있었지요. 경외심 어린 목소리 속에서 '부시맨'이라는 단어가 또렷이 들려왔어요. 아무도 욕하거나 목소리를 높이지 않았어요. 과시적인 남성성은 어디에서도 느껴지지 않았지요.

그날 밤 우리는 작은 난로 위에서 저녁을 준비했어요. 마을에서 온 소년은 자신의 생존 기술을 뽐내면서 통조림 캔을 현란한 칼 솜씨로 열어 보였지요. 톱니가 달린 큰 칼을 과장스럽게 캔에 찔러넣으며 슬쩍슬쩍 친구들이 자기를 쳐다보고 있는지 확인했어요. 우리 친구들은 그걸 보고는 있었지만, 소년이 기대했던 것과는 달리 별 반응을 보이지 않았지요.

이때 케이시가 나섰어요. 이미 여러 차례 칼을 다루어본 케이시는 소년의 칼을 뺏으며 크게 웃었어요. "이거는 진짜 칼이 아니지. 이건 쓰레기야. 인버카길로 오면 진짜 칼이 뭔지 보여줄게. 어떻게 쓰는지도 말이야."

마을에서 온 소년은 꼼짝도 않고 가만히 서 있었어요. 두 눈은 휘둥그레지고 얼굴엔 두려움이 가득했지요. 결국 소년은 말없이 짐을 챙겨 블랙밸리헛으로 떠나고 말았어요. 가엾은 녀석, 한 시간은 더 걸어가야 할 텐데….

2박 3일의 일정을 마치고 우리는 마나포우리로 돌아왔어요. 돌아오는 길은 한결 쉬웠고 모두 씩씩하고 당당한 걸음이었지요. 친구들은 이번 캠핑을 통해 야생에서 살아남는 기본적인 방법을 익혔어요. 여행이 끝나고 다시 익숙한 곳으로 돌아간다는 것에 기뻐했지만, 동시에 자연을 더 알고 싶어 하는 마음도 분명해 보였지요. 확실히 큰 성과였어요! 이제 『갈매기의 꿈』의 마지막 부분을 친구들에게 읽어줄 때가 되었어요. 자신들이 사는 도시의 환경을 벗어나 전혀 다른 경험을 하고 돌아왔기 때문이지요.

"새에게 자유롭다고 믿게 하는 것이 가장 어려운 일이지." 책에서 조나단이 플레처에게 하는 말이에요. 나 역시 마찬가지였어요. 친구들에게 자유로울 수 있다는 생각을 심어주는 게 가장 어려웠지요. 갱에서, 학대에서 벗어나 자신이 원하는 삶을 살아갈 수 있다고 진심으로 믿길 바랐어요.

훈자가 마나포우리에서 우리 팀에 다시 합류했어요. 우리가 돌아온 것을 무척 반가워했지요. 아이들의 사랑과 관심을 받으며 훈자는 그렇게 다시 친구들의 삶으로 돌아갔답니다.

페이지 앤드 블랙모어 책방의 넬슨

넬슨의 트래펄가 거리에는 '페이지 앤드 블랙모어'라는 책방이 있다. 책방에 들어서는 순간 나는 바로 알았다. 이곳이 천국이라는 것을! 주욱 둘러선 서가는 물론 바닥에 놓인 상자와 통로까지 공간을 가득 채운 책이 나를 포근히 감쌌다. 어디 그뿐이랴, 아름다운 카드며 어여쁜 편지지와 책갈피도 눈길을 끌었다. 책을 좋아하는 이에게 책방만큼 편안하고 위로가 되면서도 즐거움 가득한 곳이 또 어디 있겠는가.

 책방지기 조가 날 반갑게 맞았다. 조의 책방에서 『세상 끝 책방 이야기』 사인회가 열릴 참이었다. 코로나19로 둘 다 마스크를 하고 있었지만, 조의 따스한 눈빛만으로도 우리가 친구가 될 거라는 것을 바로 알 수 있었다. 인사를 마치고 조가 선뜻 말을 건넸다. "아, 넬슨을 데려오지요."

오, 개라니! 내가 지금 쓰고 있는 책이 바로 책방과 개 이야기 아닌가. 조에겐 책방도 개도 모두 있었다!

곧 넬슨이 나왔다. 헝가리 비즐라 | 헝가리 원산의 중형견으로, 뛰어난 후각과 지구력을 갖춘 사냥개. 사람과의 유대감이 깊고 온순하며, 활동적이다. 짧고 윤기 나는 황갈색 털이 특징이다.옮긴이 | 였다. 전에 본 적 있는 견종이어서 바로 알아보았다. 반질반질 윤기가 나고 자신감 넘치는 넬슨이 당당한 모습으로 다가와 내게 토끼 장난감을 내밀었다.

내 바로 앞에 앉아 기대감 가득 찬 눈빛으로 물끄러미 나를 올려 보았다. 그 순한 눈빛에 나는 절로 경계심이 허물어져 넬슨을 살포시 안아 쓰다듬었다.

"조, 정말 믿을 수가 없어요. 내가 지금 쓰고 있는 책이 바로 책방과 개들 이야기잖아요? 넬슨이야말로 책방을 지키는 진정한 '책방지기 개'이니까 넬슨은 꼭 소개해야겠네요"

당연히 그렇다는 듯 조가 미소 지으며 고개를 끄덕였다. 넬슨과 나는 멋진 친구가 될 게 분명했다.

페이지 앤드 블랙모어 책방은 1998년 넬슨의 서점 두 곳이 합쳐져 현재 위치인 트래펄가 스트리트 254번지에서 시작됐다. 그중 한 곳의 기원은 무려 1909년까지 거슬러 올라간다. 조는 2016년 페이지 앤드 블랙모어 책방을 인수했다. 현재는 다양한 신간, 소설, 논픽션, 어린이책 등 양질의 도서를 판매하며 115년의 유서 깊은 전통을 이어가고 있다.

그 외에도 3000종 이상의 다양한 잡지를 소장하고 있는 것으로 유명하다. 이 모든 것이 결코 크다고 할 수 없는 책방 안에 다 들어 있다. 입구는 좁지만 안으로 깊숙이 뻗어 있는 구조로 사람들을 끌어들여 자연스럽게 뒤쪽의 잡지와 어린이책을 찾아 즐거운 모험을 하게 한다. 엷은 초록색으로 칠해진 벽은 아름다웠지만 사실 거의 보이지 않는다고 해야겠다. 벽 앞 공간이란 공간은 죄다 책이 차지하고 있기 때문이다. 너무도 익숙하고 정겨운 장면이다. 바로 내 책방과 똑같지 않은가!

내가 사인할 책은 그리 많지 않았다. 덕분에 나는 천천히 책방을 탐험하며 숨겨진 보물들을 맘껏 찾을 수 있었다.

넬슨은 이제 세 살이 되었다. 생후 8주부터 책방지기가 되어 페이지 앤드 블랙모어 책방을 지켰다. 조는 몇 주 동안이나 동물보호협회의 강아지 목록을 찾아보았으나, 딱 마음에 드는 강아지를 만나지 못했다. 결국 포기하고 트레이드미 Trade Me|뉴질랜드에서 가장 널리 쓰이는 온라인 중고 거래 플랫폼_옮긴이|를 뒤지기 시작했다. 그러다가 트럭 뒤편에서 나란히 꼬물꼬물 줄지어 꿈틀거리는 헝가리 비즐리 여덟 마리를 보게 되었다. 반짝이는 눈으로 카메라를 바라보며 앞발을 달랑달랑 흔드는 귀여운 강아지들을 누가 모른 척 외면할 수 있을까? 조 역시 예외는 아니었다.

조가 강아지들 주인에게 전화를 걸었다. 강아지들이 있는 곳은 루비 베이였다. 두 시간 후, 강아지들을 만난 순간 바로 마음을 빼앗겼다. 여덟 마리 중 다섯 마리는 이미 입양됐고 세 마리가 남아 주인집 차고 입구를 차지하고 있었다. 조가 콘크리트

바닥에 앉자 귀여운 강아지들이 조의 품을 파고들 듯 올라왔다. 자그마한 앞발로 살살 만지작대고 코끝을 킁킁대며 호기심 가득한 모습으로 조를 탐색했다. 몇 분 지나지 않아 두 마리는 다른 모험을 찾아 조의 곁을 떠났다. 남은 한 마리가 조의 무릎에 올라와 몸을 동그랗게 말고 가만히 있더니 이내 잠이 들었다. 조는 이 강아지가 딱 맞는다는 생각이 들었다. 책방지기로 세상만사 태평하고 느긋한 강아지를 찾고 있었기 때문이다. 이틀 후 조는 다시 그곳을 찾아 생후 8주 된 넬슨을 데리고 돌아왔다.

금빛 털이 복슬복슬한 넬슨은 책방에 오자마자 폭발적인 인기를 끌었다. 그 인기가 어찌나 대단했던지 책을 사러 온 한 가족이 넬슨의 전 주인과 연락하여 넬슨의 형제 중 마지막으로 남은 강아지를 입양할 정도였다.

이제 넬슨은 수많은 팬까지 거느리고 있다. 매일 책방에 들러 넬슨을 쓰다듬으며 인사를 나누는 단골도 늘어났다. 아이들은 넬슨과 서로 뒹굴기도 하고 넬슨의 침대에서 놀기도 한다. 넬슨은 털이 짧은 단모종이다 보니 유독 추위를 많이 탄다. 평소 책방에 조용히 앉아 있는 넬슨에게 조가 멋진 양모 재킷을 선물했다. 넬슨에게는 따뜻한 침대, 울 담요, 전용 히터기도 있다. 어디 그뿐이랴, 머리 위로는 종일 따뜻한 바람을 불어주는 난방기까지 돌아간다. 그래서일까? 넬슨은 하루 대부분 둥글게 몸을 말고 웅크린 채 잠을 잔다. 잠을 자면서도 넬슨은 분명히 기다리고 있을 것이다. 다음 손님이 자신에게 사랑을 쏟아주기를.

이 모든 이야기를 듣고 나니 우리 코브에게 미안한 마음이 살짝 들었다. 파트타임으로 일하긴 하지만 코브 역시 넬슨처럼 우리 책방의 지킴이다. 그런 코브가 넬슨처럼 호사를 누리지 못한다는 사실에 나는 죄책감마저 들었다. 물론 코브도 우리 집 벽난로 옆에 따뜻한 침대를 가지고 있긴 하다. 하지만 우리 책방이 워낙 작은 까닭에 코브 침대를 따로 들일 수가 없다. 코브는 복서, 포인터 등 최소 세 종 이상이 섞인 믹스견으로 2015년 우리 책방에 처음 발을 디뎠다. 흰색과 검은색 털이 섞인 코브도 훈련을 아주 잘 받아 조용한 편이다. 코브의 주인 레이건은 가재를 전문적으로 잡아 판매하는 어부로 피오르드랜드 연안에서 바닷가재를 잡아 수익을 올린다. 바닷가재 철 내내, 한 번 출어를 나가면 길게는 열흘 동안 집에 돌아오지 못한다. 그동안 우리가 코브를 돌봐주고 있다.

'코브'라는 이름은 다우트풀 사운드 초입에 있는 딥코브에서 따왔다. 코브는 우리 집에 처음 왔을 때부터 마치 자기 집처럼 편안하게 지냈다. 워낙 온순하고 늘 다정한 모습인지라 내가 책방을 열자 코브는 자연스레 넬슨처럼 '책방지기 개'가 되었다.

넬슨은 종종 2층 사무실이나 서점 뒤편에 자리한 작업 공간을 자신의 두 번째 침대로 삼아 느긋한 시간을 보낸다. 시간이 되면 조와 함께 강을 따라 뛰어다니며 즐거운 시간을 갖는다. 일주일에 한 번 정도는 동물병원에 들러 생가죽으로 된 뼈를 챙기기도 한다. 그럴 땐 아주 자랑스럽다는 듯 장난감 뼈를 물고 의기양양하게 책방으로 돌아온다. 조는 주중에 하루나 이틀쯤은 쉬는 날로 잡고 넬슨과 함께 타카카 힐을 지나 골든 베이로 향한다. 넬슨이 해변을 너무 좋아하는 까닭이다. 해변에서 넬슨은 열심히 모래를 파서 커다란 구멍을 만든다. 또 비가 오나 눈이 오나 물속으로 풍덩 뛰어들어 수영을 즐긴다.

내가 책방을 방문한 날에도 귀여운 빨강 양모 코트를 입은 넬슨이 어슬렁어슬렁 돌아다니고 있었다. 토끼 인형을 물고서 같이 놀 친구를 찾고 있는 듯했다. 나를 보는 넬슨의 표정이 이렇게 말하는 것 같았다. '어? 새로운 손님이네! 나 좀 봐줘요!'

넬슨이 지키는 이 멋진 책방에서 나는 친구들에게 선물로 줄 책과 랜스와 함께 읽을 책을 골라 양손 가득 들고나왔다. 무엇보다 빌 브라우더의 새 책 『프리징 오더 Freezing Order』를 발견해서 기뻤다. 러시아에서 자금을 빼돌린 부패한 관리들과 그 돈을 숨기려는 글로벌 네트워크를 추적하는 저자의 이야기는 놀랍게도 실화다. 그 과정에서 돈세탁, 살인 사건이 등장하고 저자는 위험에 처하게 된다. 빌 브라이더와 그의 가족을 향한 러시아 대통령 푸틴의 집요한 복수극도 빠지지 않는다.

좀 더 가볍게 읽을 만한 책도 샀다. 테 파페 프레스 출판사에서 펴낸 『사진으로 보는 옛 뉴질랜드의 개 Dogs in Early New Zealand Photographs』라는 책이다. 이 사진집에는 마이크 화이트의 서문과 100장이 넘는 사진이 실려 있다.

그 정도의 책만 들고 이 훌륭한 서점에서 큰 출혈 없이 무사히 빠져나왔다. 200달러도 채 안 썼으니, 이 정도면 나름대로 선방 아닌가. 아니, 아주 훌륭했다!

훈자 이야기
훈자와 한밤의 습격

인버카길에는 몽그렐 몹과 스킨헤드라는 두 조직이 자리 잡고 있었어요. 펑크족도 조금 있긴 했지만, 우려할 정도는 아니었지요. 그런데 북쪽 구역에 새로 생긴 폭주족 무리가 점점 인버카길 거리에 나타나기 시작했어요. 그들은 주로 학교 주변을 돌아다니며 말단 조직원으로 쓸 만한 신입을 모집하고 있었지요. 어린 소년들은 동경심과 소속감을 느낄 수 있는 곳을 찾기 마련이었고 학교는 그런 소년들로 넘쳐났어요.

그날 나는 고등학생을 가득 태운 밴을 운전하고 있었어요. 모두 나를 잘 알고 따르는 친구들이었지요. 그런데 조수석에 앉아 있던 열여섯 살 크레이그가 계속 안절부절못하며 가만히 있질 못했어요.

"무슨 일인데, 응?" 내가 물었어요.

"곧 일이 터질 거예요. 근데 말할 순 없어요."

"큰일이라는 거지? 크레이그?"

"진짜 큰일이요."

다른 애들을 다 내려주고 나서 크레이그에게 훈자와 함께 산책하겠느냐고 물었어요.

"좋아요. 우리 셋만이죠?"

고개를 끄덕이고 해변으로 향했어요. 나는 크레이그를 잘 알고 있는지라 그가 무슨 일인지 털어놓을 거라고 짐작했지요. 자신이 뭔가 중요한 역할을 하고 있다고 느끼고 싶었을 거예요.

"시내에 새로운 조직이 들어온다는 소문이 있던데?" 무심코 던지듯 먼저 운을 뗐어요.

"재밌어지겠는걸?"

이 말에 크레이그가 나를 보고 씩 웃으며 물었어요.

"걔들이 신입 모집하고 있다는 거, 알고 있었어요?"

나는 알고 있었지만 몰랐다고 답했어요.

"내 친구 몇 명이 화요일 밤에 주류 판매점을 털기로 했어요. 조직의 인정을 받으려고 움직이기 시작하는 거죠. 후보 말고 정식 멤버가 되려고요."

"너, 거기 안 끼어 정말 다행이야. 결국 문제가 되고 말테니까."

"아닌데요? 그들이 멍청할 거 같아요? 계획을 완벽하게 세웠다니까요."

나는 대꾸하지 않고 조용히 기다렸어요. 결국 크레이그가 참지 못하고 털어놓았지요.

"친구 세 명이 새벽 2시 반에 스트리트 주류 판매점을 털 거예요. 주변엔 아무도 없겠죠. 걔들한텐 차도 있고 필요한 건 다 준비됐어요."

충분히 들은 후 슬쩍 이렇게 말해주었어요. "크레이그, 다른 사람한텐 말 안 하는 게 좋겠어."

크레이그가 고개를 끄덕이고는 밴에서 뛰어나가 모래 언덕을 파헤치며 한창 탐험 중인 훈자에게 후다닥 달려갔지요.

내가 현장 청소년 복지사로 일하기 시작하고 얼마 안 되었을 때 '리암'이라는 아주 덩치 큰 남자가 나서서 내 뒤를 봐주겠다고 약속한 적이 있어요. 리암은 어찌나 덩치가 큰지 내가 그의 뒤에 있으면 앞에서는 내가 있는 줄도 모를 정도였지요. 도움이 필요할 때마다 그가 자리를 지키며 나를 도왔어요. 리암은 조직에 속해 있었지요. 내가 경찰이나 사회복지 담당자를 개입시키지 않고 조직원 몇 명을 도와준 덕분에 나를 전적으로 신뢰하고 있었어요. 그에게 일어날 강도 사건에 대해 자세히 이야기하고 아이들이 새로운 조직의 새로운 일원이 되려고 저지르는 이 사건을 막고 싶다고 말했어요. 리암도 시내에 새로운 조직이 들어오지 않기를 바랐기 때문에 흔쾌히 돕기로 했지요. 그가 한 가지 해결책을 찾아냈어요.

　새벽 두 시에 우리는 술집 뒤에서 만났어요. 리암과 나, 그리고 훈자 이렇게 셋이었지요. 리암이 내게 자신의 지시를 따르라고 일렀어요. 하지만 리암의 조직이 총기를 가지고 있다는 것을 알고 있었기에 나는 걱정이 되었지요.

　"다치는 사람이 없어야 해요. 약속해주세요." 내가 단호하게 말했어요.

　"걱정하지 말아요, 루스. 여기로 올라가 지붕 위에 납작 엎드려 있어요."

　내가 회색 쓰레기통을 딛고 오르자, 그가 나를 지붕으로 끌어올렸어요. 다음은 훈자 차례였지요. 훈자는 쓰레기통 옆에 대기하고 있었어요. 리암이 부르자 훈자는 바로 쓰레기통으로, 이어 지붕 위로 뛰어올랐어요. 훈자는 꼬리를 세차게 흔들고 경계하는 눈빛을 반짝이며 두 귀를 바짝 세웠어요. 우리는 지붕 가장자리에서 주차장 건너편을 지켜볼 수 있었습니다. 최대한 납작 엎드린 채 조용히 기다렸어요. 훈자 역시 리암 옆에서 우리를 따라 했지요. 귀까지 납작하게 접은 채로 말이에요.

　얼마 되지 않아 낡은 차 한 대가 들어와 나무 아래 멈추어 섰어요. 소년 세 명이 차에서 나왔지요. 한 명은 쇠지레를 들고 있었어요. 다른 두 명도 뭔가를 들고 있었지만, 잘 보이지 않아

무슨 물건인지 정확히 알 수 없었어요. 그들이 건물 가까이 다가오자 리암이 벌떡 일어났습니다. 그가 다리로 옆을 툭툭 치자 알았다는 듯이 훈자도 재빨리 일어나 리암 옆에 섰지요. 나는 그대로 조용히 있었어요.

"거기, 너희들 뭐 하는 거야?" 리암이 어둠 속을 향해 큰소리를 외치며 커다란 손전등을 켰어요. 그 빛이 옆에 서 있는 훈자를 비추었습니다.

"이런 제기랄, 경찰견이다!" 올려다보던 아이 한 명이 소리를 질렀어요. 동시에 그들은 뒤돌아 냅다 차로 달음박질쳤지요. 손전등이 그 모습을 그대로 비추고 있었어요.

"또 이런 짓을 해봐라, 그땐 이 개를 확실히 풀어주마!" 리암이 소리쳤어요. 그때까지 움직이지도, 짖지도 않고 조용히 있던 훈자가 갑자기 신바람 난 듯, 팔딱팔딱 뛰었어요. 자신이 뭔가 중요한 작전에 동참했다는 걸 알아챈 것이지요.

차를 집어 탄 세 소년은 그대로 줄행랑을 쳤어요.

다음 날 평소처럼 내가 애들을 태우러 갔더니 다들 간밤에 있었던 이야기를 하느라 정신이 없었어요. 경찰이 잠복하고 있다가 현장을 급습했다나요? 무시무시한 경찰견도 있었다고, 날카로운 이빨로 어찌나 으르렁대던지 금방이라도 뛰어내려 공격할 것만 같았다는 등의 말이 이어졌지요. 훈자는 독일셰퍼드 치곤 자그마하고 온순한 아이예요. 친구들의 말을 듣고 있자니 훈자가 몸집이 적어도 두 배는 되고 몸무게도 50킬로그램쯤 되어야 할 것 같았어요.

아이들 누구도 간밤의 현장에 있었던 개가 훈자라는 사실은 상상도 하지 못했나 봐요. 밴 뒤쪽에 앉아 있던 한 소년이 훈자를 안고 머리를 쓰다듬으며 말하는 것이 들렸지요. "훈자, 네가 거기 있었어야지! 그렇지?"

그 말에 스킨헤드 한 명이 크게 웃음을 터뜨렸어요. "훈자가 거기 있었으면 그냥 걔네랑 놀았을걸? 안 그래, 훈자?"

그 말에 나는 조용히 동의했어요.

몇 주 후, 새로운 조직은 인버카길 거리에서 흔적도 없이 사라졌어요. 불안하나마 다시 평화가 찾아온 겁니다.

우리 훈자는 이번에도 자기 역할을 톡톡히 해냈답니다.

카발리에 킹 레지

카발리에 킹 찰스 스패니얼 |17세기 영국 찰스 2세가 특히 사랑한 스패니얼계 소형견으로 '카발리에'는 왕실 지지자를 뜻한다. 사교적인 성격으로 반려견으로 인기가 높다. 옮긴이|인데 이름이 '레지'라면 어떨까? 뭔가 조금 밋밋한 느낌이다. 하지만 주인인 젠에게 집에서는 어떻게 부르냐고 물어보면 '레지널드 몽고메리 3세'라는 답을 듣는다. 왕족의 이름을 딴 이 훌륭한 개의 이름으로 안성맞춤이다.

레지는 2021년 12월 21일에 태어난 아직 어린 강아지다. 자그맣지만 넘치는 에너지로 항상 새로운 모험을 찾아 나선다.

젠이 이 견종을 알게 된 것은 2009년 알래스카에서 비행기를 탔을 때였다. 옆자리 남자와 이야기를 나누던 중 그가 킹 찰스 스패니얼을 키운다는 것을 알게 되었다. 그는 연어 낚시를 가는 길이었다. 젠이 관심을 보이자 친절하게도 남자가 젠을 초대하며 개들을 만나보길 권했다. 흔쾌히 초대를 받아들인 젠은 그 남자의 집에서 킹 찰스 스패니얼을 만났고 이 견종의 매력에 푹 빠지게 되었다. 젠이 곧 3주 동안 자동차 여행을 떠난다고 하자, 남자의 가족은 좋은 제안을 했다. 자기들 강아지 찰리와 프로도를 데리고 함께 여행에 나서보라는 것이었다. 3주간의 여행이 끝날 때쯤 젠은 킹 찰스 견종을 키워야겠다고 확신했다. 아들 제이컵이 어떤 강아지를 좋아할지 고민할 것도 없었다.

젠은 예전에 개를 키워본 적이 있어서 강아지를 들이면 얼마나 손이 많이 가는지 잘 알고 있었다. 그래서 강아지에게 애정을 쏟아야 하는 것과 강아지를 키운다는 책임감이 얼마나 중요한지를 제이컵에게 가르쳤다. 반려동물과 함께 살아가는 것은 아이들이 공감 능력과 책임감, 배려심을 기를 소중한 기회가 된다.

금발 머리에 파란 눈을 가진 제이컵은 이제 다섯 살이 되었다. 제이컵을 설명하자면 장난기 가득한 미소를 빼놓을 수 없다. 책 읽는 것을 좋아하고 글쓰기도 무척 즐긴다. 엄마 아빠가 워낙 책을 좋아하다 보니 제이컵도 자연스레 책을 접하게 되었을 것이다. 젠은 아이들에게 책을 읽어줄 때는 좀 유치해 보이거나 우스꽝스러울 필요가 있다고 생각한다. 마녀 목소리나 해적 선장의 말투를 흉내 내서 읽으면 책의 내용이 훨씬 생생하게 전달된다. 그리고 제이컵은 잠들기 전에 아빠 마틴이 체코어로 읽어주는 책 이야기도 듣는다. 그래서인지 다섯 살인 제이컵은 벌써 체코어를 알아듣고 말도 하기 시작했다.

책방에 오면 제이컵은 무척 신중하게 책을 고른다. 우선 로알드 달의 책이라면 무조건 다 꺼내놓는다. 그리고 좋아하는 공룡과 괴물, 농장 이야기책을 고른다. 이 책들을 책방 바닥에 펼쳐놓고 꼼꼼히 살펴보며 심사숙고에 들어간다. 그 많은 책의 숱한 페이지를 훑어봐야 하니 제이컵은 책방에서 마음이 늘 분주하다.

마틴은 일 년간 일을 접어두고 2001년에 처음으로 뉴질랜드로 배낭여행을 왔다. 집에서 가장 먼 곳으로 떠나 자신이 좋아하는 자연과 트레킹에만 몰두하고 싶었던 마틴에게 뉴질랜드는 그야말로 천국처럼 느껴졌다. 그렇게 뉴질랜드 곳곳을 여행하며 새로운 문화를 배우고 경험했다. 이 배낭여행이 마틴에게는 첫 해외여행이었다.

여행을 마치고 체코로 돌아간 뒤에도 마틴의 마음은 뉴질랜드를 떠나지 못했다. 그는 이곳의 삶을 운명처럼 받아들이고 이곳에서 정착할 수 있기를 간절히 원했다. 결국 2004년에 다시 뉴질랜드로 돌아왔다. 그로부터 4년 후, 마틴은 여행사를 설립하고 체코에서 오는 여행자들에게 뉴질랜드를 소개하기 시작했다. 현재 그는 관광 가이드로 일하고 있다. 남섬과 북섬을 찾는 단체 여행팀에게 자신이 사랑해 마지않는 나라 뉴질랜드의 아름다움을 소개하며 자연과 환경보호에 대한 열정을 전하고 있다.

마틴은 40대 중반이 되어서야 젠을 만나고 아빠가 되었다. 실로 오랫동안 품어왔던 꿈을 비로소 이룬 것이다. 듬직하면서도 온화한 마틴에게 '아빠'라는 역할은 즐겁고 행복한 것이다. 그는 책을 무척 아끼고 사랑한다. 마틴에게 책은 호기심을 자극하고 상상력에 날개를 달아주는 보물이자 마르지 않는 배움의 원천이다.

레지가 들어오면서 이 가족의 마지막 퍼즐 조각이 채워졌다. 한번은 제이컵이 배탈이 나서 하루 종일 침대에 누워 있었다. 레지는 밖에 나가지 않고 마치 '여기 있는 것만으로도 좋아'라고 말하듯 조용히 제이컵의 곁을 쭉 지켰다. 온 식구가 다 코로나에 걸렸을 때도 레지는 자신의 역할에 '매우' 충실했다. 계속 조용히 잠만 자면서 가족들을 전혀 귀찮게 하지 않은 것이다. '레지널드 몽고메리 3세'는 이렇게 제이컵뿐만 아니라 젠과 마틴에게도 완벽한 반려견이 되었다.

훈자 이야기
훈자, 공동묘지에 가다

현장 청소년 복지사로 일하면서 아이들에 대해 따로 기록해놓은 자료가 있습니다. 입양되었거나 친부모가 아닌 다른 가족과 살고 있는 친구들을 정리해놓은 것이지요.

  이 아이들에게 내 마음이 쏠리는 건 어쩌면 당연한 일입니다. 내 아들 앤드루 역시 태어나자마자 입양되었으니까요. 궁금한 게 너무 많았지요. 이 아이들은 낳아준 엄마를 찾고 싶어 했을까요? 형제자매가 있는지 궁금한 적이 없었을까요? 대부분 생모에게 분노와 강한 거부감을 나타냈어요. 자신이 왜 '버려졌는지' 그 이유를 알고 싶어 하는 아이들도 있었지요. 그들은 생모가 자신 생각을 하는지도 궁금해했어요. 기록을 하면서 나는 너무도 놀랐어요. 입양된 아이들이 생각보다 많았거든요. 그리고 슬프게도 이런 입양 사실이 그들을 결국 내 사무실이나 밴으로 이끄는 원인이 되었지요.

비키도 입양된 아이였어요. 생후 며칠 되지 않아 한 중년 부부에게 입양되었는데 그들에겐 유일한 자식이었지요. 내가 처음 만났을 때 비키는 열다섯 살이었어요. 지역의 한 고등학교 교실에서 막 강연을 마쳤을 때 그 반에 있던 한 소녀가 내게 다가와 이야기할 수 있냐고 물었어요. 아주 짧게 자른 검은 머리와 흑갈색 눈, 그리고 갈색빛이 도는 맑고 깨끗한 피부가 인상적이었지요. 마오리족의 혈통임을 알 수 있었어요. 우리는 다음 날 오후 내 사무실에서 만나기로 약속을 잡았어요. 몇 마디 나누지 않았지만, 비키가 조리 있고 차분하며 성숙한 아이라는 걸 바로 알아차렸지요. 그런 아이가 왜 나를 만나고 싶어 할까 의문이 들었어요. 혹시 비키도 이 분야에 관심이 있는 걸까요? 어쩌면 미래를 계획하면서 사회복지에 관한 이야기를 나누고 싶었는지도 모르겠어요. 비키라면 그럴 만한 자질이 충분했거든요.

이튿날 약속 시간에 맞추어 비키가 사무실로 찾아왔어요. 학교 가방을 바닥에 내려놓고 내 책상 옆 의자에 앉았지요. 뻣뻣하니 굳어 보이는 비키에게 훈자가 다가가 자신을 소개했어요. 비키의 다리에 기대어 특유의 애절한 눈빛으로 하염없이 비키를 올려다보았지요. 결국 비키가 훈자를 쓰다듬기 시작했어요. 비키와 나는 가벼운 인사말을 주고받은 후 대화를 이어가며 서로를 알아갔어요. 비키는 조심스럽게 질문한 후 내가 답할 때까지 기다렸다가 귀를 기울여 열심히 들었지요. 자신이 대화를 나누고 있는 사람이 신뢰할 만한 인물인지 확인하는 자기만의 방법인 게 분명했어요.

얼마나 지났을까, 몸을 의자에 깊숙이 기대며 비키가 한숨을 내쉬었어요. 어깨를 축 늘어뜨린 채 나를 물끄러미 바라보며 입을 열었습니다. "저는 입양되었어요."

나는 가만히 기다렸어요. 하지만 비키는 더 이상 말을 잇지 않았고 우리 사이엔 침묵만 흘렀지요.

결국 내가 침묵을 깨고 물었어요. "내게 하고 싶은 말이나 질문이 있을까, 비키?"

"나는 누구일까요?"

눈물을 삼키며 떨리는 목소리로 비키가 물었어요. 그렇게 시작된 우리의 대화는 한 시간 동안 이어졌습니다. 서로를 안아주고 손을 잡으며 함께 눈물을 흘렸어요. 이 소중한 순간을 오래오래 기억하고자 간간이 침묵 속에 서로의 말을 가슴에 새겼지요.

"부모님은 네가 지금 여기 있는 걸 알고 계실까?"

비키가 고개를 끄덕였어요.

"그래. 그러면 시작이 좋은 거야. 먼저 부모님과 얘기를 해보자."

비키가 사무실을 떠난 후 나는 생각에 빠졌습니다. 생후 몇 주 만에 입양된 내 아들. 단 한 번도 볼 수도 만져볼 수도 없었던 내 아들 앤드루. 나는 아들이 어디에 있는지 전혀 알 수 없었어요. 내가 아들에 대해 알고 싶어 하는 만큼 앤드루도 생모인 나에 대해 알고 싶어 할까요?

하지만 이건 내 이야기가 아니라 비키의 이야기였어요.

며칠 후 비키의 집을 찾았어요. 비키의 엄마는 자그마한 체구에 온화한 성품을 지닌 50대 초반의 여성이었지요. 부드러운 말 한 마디 한 마디에 비키에 대한 깊은 사랑과 애틋한 감정이 묻어났어요.

"이날이 올 줄 알고 있었어요, 루스. 비키가 컸다는 사실에 기쁘기도 하지만 한편으론 마음이 찢어질 듯 아프네요. 제가 생모의 이름을 알고 있답니다." 비키의 엄마가 낮은 목소리로 덧붙였어요. "지금 비키에게 알리는 게 맞겠지요?"

나는 깜짝 놀라 물었어요. "이름 외에 더 자세한 내용을 알고 계시나요, 비키 어머니?"

비키의 엄마가 일어나 서랍장으로 가더니 봉투 하나를 꺼내와 내게 건넸어요. 조금 구겨진 봉투에 우표는 붙어 있지 않았지요. 수신인만 또렷했어요. '내 아기의 어머니께.'

조심스럽게 봉투를 열었어요. 한 장의 종이가 접혀 있었습니다. 내가 자칫 흩트리면 종이 안의 낱말들이 허공으로 날아가 스르르 사라질 것만 같았어요. 천천히 종이를 펼쳤어요. 출산 후 자신의 아기를 키울 수 없었던 어린 엄마가 쓴 편지였지요. 막 태어난 아기를 안았을 때 느꼈던 사랑, 따뜻하고 촉촉한 아기의 작은 몸, 엄마의 손을 찾아 꼼지락거리던 아기의 자그마한 손가락, 그리고 보송보송 솜털처럼 보드라운 머리카락 이야기가 쓰여 있었어요. 나는 그만 울컥 눈물이 터질 것 같았어요. 나의 둘째 아들, 조슈아를 처음 품에 안았을 때 느꼈던 바로 그 감정이 몰려왔지요. 믿기지 않을 만큼 사랑스러웠던 내 아가, 불과 몇 시간 후 하늘나라로 떠나고만 내 아들 조슈아….

편지를 다시 읽었어요. 똑똑. 어쩔 수 없이 눈물이 볼을 타고 내려와 편지에 떨어졌어요. 그때 부드러운 손길이 나를 감쌌고 내 볼에 다정한 입맞춤이 와 닿았지요. 비키 엄마와 나, 우리는 말없이 서로를 바라보았어요.

"우리 문제를 도와주실 분을 비키가 찾아내리라 믿었어요." 비키 엄마가 속삭이듯 덧붙였지요. "이 편지를 루스, 당신께 맡기겠어요. 다시 만날 준비가 되면, 그때 연락해주시겠어요?"

사회복지팀의 연로하신 마오리 목사님이 생각났어요. 목사님께 전화를 드리고, 한 시간도 안 되어 목사님 댁에 도착했습니다. 목사님께 비키와 비키의 어머니에 대해 말씀드리고 함께 그 편지를 읽었어요.

제가 한 남자의 사랑을 받은 건 행운이었습니다. 그 남자는 병에 걸린 나를 사랑했습니다. 내가 그 아기를 키워낼 수 없다는 사실을 알고도 아기를 원하는 내 마음을 이해하고 받아들였습니다. 소중한 나의 아기를 당신에게 보냅니다. 때가 되면 아이에게 이 편지를 전해주시길 바랍니다.

편지는 서명으로 끝맺어져 있었어요. 생모의 이름이었지요.
"이 편지는 내게 맡겨요. 내가 잘 알아보리다."
며칠 후 목사님이 나에게 공동묘지에서 만나자고 연락했어요. 다행히 공동묘지에서 생모의 묘비를 찾았다고 하셨지요. 비키를 낳고 며칠 후 세상을 뜬 생모는 겨우 스물두 살이었어요. 그럼에도 잘 알고 있었던 거예요. 출산이 곧 자신의 생명을 내주는 일이 될 수 있음을, 그리고 그건 오로지 아기를 위하는 일이라는 것을. 나는 말없이 서서 그 작은 묘비를 바라보았어요. '바로 이곳이야. 여기에 비키의 답이 있는 거야.' 나는 목사님의 손을 꼭 쥐었어요.

먼저 비키의 부모님께 이 사실을 말씀드렸어요. 두 분은 말없이 울었지요. 조용한 눈물 속에 깊은 사랑과 단단한 마음이 스며 있었어요. 나 역시 눈시울이 뜨거워져서 가만가만 울음을 삼켰어요. 비키가 학교에서 돌아오자 우리는 다 함께 모여 앉아 대화를 나누었습니다. 슬픔으로 가득 찬 줄만 알았던 집 안은 어느새 사랑의 기운으로 따뜻하게 채워졌어요. 결국 우리는 모두 함께 내 밴을 타고 묘지로 향했지요. 어린 엄마의 묘 가까이에서 차를 세우고 내가 비키에게 그곳을 가리켰어요.

"혼자 가고 싶어요." 비키가 덧붙였어요. "훈자를 데리고 갈게요."

비키가 먼저 밴에서 내리자 훈자도 따라 내렸어요. 비키의 부모님과 나는 둘이 묘지 사이로 난 풀밭을 천천히 걸어가는 것을 조용히 지켜보았습니다. 고개를 높이 들고 당당히 걸어가는 어린 소녀와 그 옆을 변함없이 지키고 있는 훈자. 묘에 다다르자 비키가 땅에 주저앉아 묘비를 어루만졌어요. 훈자는 두 발에 머리를 묻은 채 비키 곁을 지켰지요.

비키가 혼자 밴으로 돌아왔어요. 함께 가서 묘에 꽃다발을 놓고 오자며 우리를 끌었지요. 엄마가 정원에서 모아 만든 작은 꽃다발이었어요.

"묘는 훈자가 잘 지키고 있어요." 비키의 얼굴에 작은 미소가 어렸어요. "우리도 얼른 가서 훈자와 함께해요."

독서견 투이

그날도 언제나처럼 바쁜 하루였다. 3주 후에는 겨울 비수기가 시작되어 문을 닫을 예정이었다. 차 한 대가 책방 앞에 멈춰 섰다. 곧 젊고 아리따운 금발의 여인이 차에서 내렸다.

   여인이 책을 둘러보는 동안 함께 온 파트너도 차에서 내려 갓길에 서 있었다. 멋진 개 한 마리가 그의 곁을 지키고 있었다. 큰 덩치로 당당히 서 있는 모습뿐만 아니라, 온몸으로 뿜어내는 밝고 행복한 기운으로 모두의 관심을 한 몸에 받았다. 일단 모든 것이 엄청나게 컸다! 새까만 코까지 큼지막했고 눈처럼 하얀 발도 거대했다. 듬직한 가슴과 세상을 꿰뚫어 보는 듯한 눈을 가졌고 몸무게가 50킬로그램이나 나간다는 그 아이의 이름은 투이였다.

　버니즈 마운틴 독|알프스산맥 베른 지역에서 유래한 대형 목축견으로 대체로 온순하며 사람들과 친하다.옮긴이|은 온화한 성격으로 유명하다. 스위스 알프스 지역에서 기원한 견종으로 큼직한 발 덕분에 눈밭에서도 잘 돌아다닐 수 있다. 하지만 수명이 6~8년 정도밖에 되지 않는다.

　투이가 잔디밭 가장자리를 따라 느릿느릿 거닐었다. 그 모습을 보던 나는 몇 년 전 알래스카에서 마주했던 한 장면이 떠올랐다. 개울가에 고요히 앉아 있던 흑곰 한 마리. 투이는 바로 그 흑곰을 그대로 닮았다.

　"우리 책방에는 어떻게 오셨나요?" 내가 물었다. 여인은 헬렌이라고 자신을 소개하며 책방을 찾게 된 경위를 설명해주었다. 헬렌은 일주일 전에 크라이스트처치 공항에서 한 시간 반 남짓 시간이 남아서 읽을 책을 찾고 있었다고 했다. 그러던 중 『세상 끝 책방 이야기』가 헬렌의 눈길을 사로잡았다. 짧은 책 소개를 읽다가 다음 주말에 방문할 버니즈 마운틴 독 클럽의 모임이 열리는 곳이 이 책의 배경이라는 것을 깨달았다. 헬렌은 바로 책을 구입했다.

　모임이 열리는 테아나우로 차를 타고 가면서 책을 읽기 시작한 헬렌은 이내 책에 푹 빠져들었다. 그리하여 점심을 마나포우리에서 먹기로 하고 우리 책방에도 들러보기로 했다. 헬렌은 책에 내 사인을 받고 싶어 했다. 파트너인 엘리엇은 그런 헬렌을 좀 별스럽게 생각했다. 클럽의 다른 회원들 역시 헬렌이 나를 스토킹(!)하러 온 것을 꽤 재밌어했다. 물론 나는 무척 기뻤다. 헬렌

덕분에 투이를 만나게 됐으니 이제 이 책에 투이를 소개할 수 있는 것 아닌가! 헬렌의 양해를 구한 후, 즉시 사진사 그레이엄 데인티에게 전화를 걸었다.

"흑곰 사진 한번 찍고 싶지 않아요?"

"나야 좋지요."

헬렌은 스위스에서 교사로 일할 때 버니즈 마운틴 독 견종에 매료되었다. 스위스 모든 지역에서 볼 수 있는 종이었다. 하지만 이상하게도 정작 베른에서는 버니즈 마운틴 독을 본 적이 한 번도 없었다.

헬렌이 계속 교사로 일하는 동안 엘리엇은 집안일을 담당했다. 그들의 집은 레만호 마을 몽트뢰에서 멀지 않은 산악 마을에 있었고 그곳에서 2년을 살았다. 헬렌은 마을에서 더 머물고 싶었으나 엘리엇이 뉴질랜드로 돌아가기를 원했다.

뉴질랜드로 돌아와 자리 잡고 난 뒤, 헬렌은 버니즈 마운틴 독 한 마리를 들여야겠다고 마음을 먹었다. 그 뒤 브리더|견종의 특성을 이해하고 계획적으로 새끼를 받아 기르는 사람_옮긴이|의 웹사이트와 SNS를 샅샅이 뒤져보았다. 그 결과 강아지를 받기 위해서는 2년의 대기 기간이 필요하다는 것을 알았다. 브리더들은 긴밀한 커뮤니티를 통해 개의 예비 주인을 철저히 심사했다. 무엇보다 인내심과 꾸준한 노력이 필요했다. 헬렌은 '지원 과정'을 차근차근 밟아 나갔다. 서면으로 신청한 뒤 전화로 면담하고 직접 브리더를 찾아갔다. 오로지 버니즈 마운틴 독 한 마리를 들이겠다는 일념으로 크라이스트처치까지 날아갔다.

헬렌과 엘리엇은 퀸스타운의 눈 덮인 산을 누비며 달리기, 하이킹, 스노우보딩 같은 야외 활동을 즐긴다. 브리더는 이런 활동적인 생활 방식에 잘 맞는 강아지 투이를 소개했고 헬렌은 기쁘게 받아들였다. 그렇게 투이는 생후 8주부터 그들과 함께 살기 시작했다. 이 모든 과정은 헬렌이 도맡아 진행했다. 투이와 함께 지내기 시작하자 엘리엇도 금세 사랑에 빠지고 말았다. 이제 투이는 아빠의 사랑스러운 딸이 되었다.

투이는 검은색과 흰색이 자연스레 섞인 털과 갈색 반점이 어우러져 보는 이의 시선을 단숨에 사로잡는다. 코 위로 흰 무늬가 덮여 있고 그 양쪽에 갈색 반점이 살짝 찍혀 있는 모습이 그렇게 귀여울 수가 없다. 게다가 그 작은 갈색 눈썹으로 감정을 드러내는 걸 보면 정말 놀랍기만 하다. 또 귀를 덮은 털은 고데기로 손질한 듯 물결치며 몸은 겨울 코트처럼 두툼하고 부드러운 데 다 윤기까지 흐른다. 하지만 이 아름다운 투이의 새끼를 볼 수는 없다. 입양할 때 새끼를 낳지 않는다고 동의해야만 했기 때문이다.

'투이'는 헬렌이 좋아하는 뉴질랜드 새의 이름에서 따왔다. 게다가 헬렌이 즐겨보는 뉴질랜드 영화 〈홈 포 크리스마스Home for Christmas〉의 주인공 이름도 '투이'였다. 헬렌은 '투이'라는 이름에 '전사'의 의미가 담겨 있다는 것이 마음에 들었다. 딸이 있다면 딸의 이름도 투이로 지었을 것이다. 투이의 견사명kennel name|브리더가 개의 혈통을 나타내기 위해 등록하는 고유 이름_옮긴이|은 '몽트뢰 마이 스위트 레이디'다. 헬렌이 투이에게 지어준 원래 이름은 '레이디투이데샤

본'이다. 투이는 자신의 이름으로 인스타그램과 페이스북 계정까지 가지고 있다.

헬렌은 영국인이다. 지중해 동부의 섬나라 키프로스에서 워킹홀리데이를 하던 중 키위, 즉 뉴질랜드인 엘리엇을 만났다. 뉴질랜드로 이주한 후 헬렌은 초등학교 교사가 되었다. 현재는 퀸스타운에 있는 리마커블 초등학교에서 5년 가까이 교감으로 재직 중이다.

투이를 반려견으로 맞이해 함께 지내다 보니 헬렌은 투이를 매일 학교에 데려가고 싶은 마음이 굴뚝같아졌다. 그 바람이 점점 간절해져서였을까? 고심 끝에 빛나는 아이디어가 떠올랐다. 바로 '독서견'이었다. 독서견은 아이들이 책을 읽을 때 그 곁에 앉아 함께 듣는 개를 말한다.

퀸스타운 레이크스 지역 의회의 조례에 따르면 치료견이 아닌 이상 개는 학교에 출입할 수 없다. 그러나 개가 학습자에게 가져다주는 유익함과 긍정적인 영향이 인정되어서 '아웃리치 테라피 펫Outreach Therapy Pets'이라는 봉사 단체가 새로운 프로그램을 시작할 수 있었다. 일부 학교와 도서관에서 실시한 '개에게 책 읽어주기'였다. 여기에 참여할 개는 테스트를 받아야 했다. 투이는 다른 개들과 아이들 곁에서 얼마든지 차분히 앉아 있을 수 있다는 것을 보여주었고 가뿐히 테스트를 통과했다. 헬렌의 학교는 매주 '개에게 책 읽어주기' 프로그램을 진행하기 시작했다.

투이가 학교에 가면 일단 등하교할 때 아이들을 내려주고 태우는 곳에서 하루를 시작한다. 부모와 떨어지기 싫어하는 아이들도 투이와 함께 학교에 들어갈 수 있다고 하면 기쁜 모습으로 뛰어가곤 한다. 이 방법은 특히 코로나19 제재 이후 다시 학교로 돌아온 아이들에게 큰 도움이 되었다.

"물론 모든 사람이 큰 개를 좋아하는 건 아니지요. 당연히 우리는 그 사실을 늘 염두에 두고 있고요. 하지만 투이는 참 차분하고 온순해요. 언제나 아이들에게 충분한 공간을 내주고 마음의 여유를 갖게 한답니다."

큰 소리로 읽는 것을 어려워하는 아이들도 투이가 옆에 있으면 즐거이 책을 읽어준다. 투이는 잘 읽고 있는지, 실수는 없는지 지적하지 않고 그저 가만히 앉아서 들어준다. 아이들은 자연스레 자신감을 찾게 된다. 투이가 워낙 유유자적인지라 책 읽는 아이들 곁에 느긋이 누워 있는 모습도 자주 볼 수 있다. 물론 지루해지면 책 위로 다리를 쭈욱 뻗기도 한다. 이런 투이가 곁에 있으니 아이들은 책 읽기를 더 재밌게 여기게 된다. '개에게 책 읽어주기' 프로그램의 긍정적인 효과라 해야겠다.

헬렌과 엘리엇이 캠핑카를 사들였다. 투이와 함께 휴가를 떠나 여행하면서 텐트보다는 더 넓은 공간을 원했기 때문이다. 그들은 뉴질랜드 전역을 탐험하며 그때마다 투이의 인스타그램이나 버니즈 마운틴 독 클럽의 SNS에 여행 이야기를 올린다.

"우리의 여행을 '투이의 투어'라 부른답니다. 투이는 우리와 함께 여행하는 걸 정말 좋아해요. 뒷좌석에 앉아 창밖으로 스치는 풍경을 바라보기도 하고 앞자리에서 우리 사이에 끼어 앉아 지나가는 사람들을 즐겁게 해주기도 하죠. 물을 어찌나 좋아하는지 시냇물이나 호수를 보면 언제든 텀벙 뛰어들어요. 계절 같은 건 상관없다는 듯이 말이죠. 투이가 수영하는 걸 보면 놀라운데 사실 시늉만 하는 거예요. 실제론 덩치가 너무 커서 머리만 물 밖으로 내밀고 걸어 다닐 뿐이지요. 그러면서 실제 수영이나 패들보드처럼 위험한 걸 시도하려는 사람을 보면 마구 짖으며 야단치기도 하죠!"

매년 10월이 되면 투이와 헬렌은 길을 나선다. 투이의 생일을 축하하기 위해 나서는 '여자들만의 여행'이다. 투이의 생일 이야기로 빠질 수 없는 에피소드가 있다. 뉴질랜드 방송국 TVNZ 1의 진행자인 존 캠벨이 방송 중 투이에게 생일 축하 인사를 한 것이다. 케이크를 받은 투이의 모습이 텔레비전 화면에도 떴다. 투이의 두 번째 생일이었다.

헬렌은 내게 자신이 후원하는 자선단체 '후하HUHA, Helping You Help Animal'에 대해서도 이야기해주었다. 후하는 안락사를 시행하지 않는 동물 보호소로, 뭐든지 쉽게 버려지는 요즘 세상에서 살아남기 힘든 동물에게 쉼터를 제공한다.

헬렌을 이 자선단체에 헌신하도록 이끈 이가 누구인지 물어볼 필요도 없다. 크고 아름다운 버니즈 마운틴 독 '레이디투이 데샤본' 말고 또 누가 있겠는가.

훈자 이야기
훈자, 약물중독자 모임에 참석하다

한 젊은이가 내 밴 앞자리에 축 늘어져 있었어요. 지저분하고 초췌한 데다 화학약품 냄새까지 강하게 풍겼지요. 본드, 페인트 제거제, 페인트 스프레이, 아니면 에어로졸 스프레이일까요? 순간의 쾌락으로 유혹하는 것은 정말이지 너무나도 많았습니다. 눈 흰자위는 빨갛게 충혈되었고 상의는 구토물 자국으로 범벅이었지요. 말도 어눌했어요. 열여섯 살이라고는 도저히 믿기지 않았어요.

인버카길 뒷골목 폐가는 흡입 약물에 중독된 청소년들의 아지트가 되었어요. 그들 대부분을 알고 있었기에 나도 종종 들러 더러운 마룻바닥에 앉아 얘기를 나누곤 했지요. 물론 약물 냄새에 나가떨어지지 않도록 멀찍이 앉는 건 필수였어요. 내가 할 수 있는 일은 그저 곁에 있으면서 그들을 도와주는 것뿐이었지요. 경찰이 이 집을 폐쇄한다면 아이들은 곧장 다른 곳을 찾아갈 테고, 그렇게 되면 나는 그들을 만날 수 없게 될 거예요.

당시 뉴질랜드에서 코로 본드나 다른 용해성 물질인 솔벤트를 흡입하는 것은 불법이 아니었어요. 접근도 쉬웠고 가격까지 아주 저렴했지요. 슬프게도 나는 열두 살짜리 어린아이들까지 솔벤트를 들이마시는 것을 보았어요. 가슴 아픈 일이었지요. 이 아이들이 순간적인 쾌락에 의지하려는 대신 따뜻한 돌봄을 원하게 되기를 바랐습니다. 모두의 노력으로 조금이나마 나아지고 있었지요.

브렛이 방 한구석에 구부정하니 널브러져 있었어요. 그 옆에는 공기가 빠져 쪼그라든 비닐봉지도 널브러져 있었지요. 훈자가 두 귀를 납작하니 머리에 붙인 채 꼬리를 내리고 내 옆에 붙어 있었어요. 훈자는 여기 오는 걸 싫어했지요. 하지만 자신의 임무라는 것을 잘 알고 있었어요.

브렛을 당겨 일으켰어요. 다른 애들에게 브렛을 병원에 데려갔다가 다시 돌아오겠다고 말했습니다. 아이들 몇 명이 걱정스러운 표정을 지었어요. 몇 안 되는 그 친구들 얼굴을 기억에 담아놨어요. 내가 도우면 분명 나아질 가능성이 있는 아이들이었지요.

브렛은 경찰의 소개로 내게 연결된 아이였어요. 그의 어머니를 만나 얘기를 나눈 적이 있어요. 지난 두 달 사이에 브렛의 성격이 완전히 변했다고 했습니다. 감정 기복이 심해지고 숨 쉴 때마다 솔벤트 냄새도 났다고 덧붙였어요. 그는 이미 솔벤트 봉지를 머리에 쓰고 흡입하기 시작했지요. 그건 가장 위험한 방법이었어요.

브렛은 자신에게 문제가 있음을 인정했지만 스스로 도움을 요청할 때까지 내가 할 수 있는 일은 별로 없었어요. 약물중독자 모임과는 계속 연락을 주고받았기에, 브렛 이야기를 하자 기회가 되면 기꺼이 도와주겠다고 했어요.

병원에서 퇴원한 후, 브렛이 내게 전화를 걸어왔어요. "이제 제대로 살고 싶어요. 노력해볼게요." 나흘째 약물 없이 깨끗하게 지내고 있다는 말에서 희망이 보였어요. 브렛과 만날 시간을 정하고 그의 어머니에게 전화를 걸었지요. "이건 시작에 불과하니 너무 기대하지는 말고 브렛에게도 이것저것 묻지 말아주세요. 브렛 스스로 속도를 조절하도록 믿어보는 거예요."

브렛과 나는 두 시간 가까이 대화를 나누었어요. 자기 자신이 너무도 싫고 혐오스럽다며 병원에 입원하기 직전엔 자살까지 진지하게 생각했었다고 털어놓았지요. 그는 자신이 더 이상 추락할 곳도 없다고 느꼈어요. 내가 조심스럽게 약물중독자 모임 이야기를 꺼내보았지요. 치료 과정이 매우 더디게 진행될 거라는 걸 잘 알고 있었기에 그에게 뭘 강요하려는 생각도 없었어요. 이런 내 마음과 생각을 그대로 그에게 보였지요.

일주일 후 브렛이 내 밴을 보고 손을 흔들었어요. 내가 멈추자, 밴에 올라타더니 뒤로 훌쩍 넘어가 훈자 옆에 앉았지요.

"그 약물중독자 모임에 대해 생각해봤어요. 단, 조건이 하나 있어요."

"하나면 되는 거야?" 웃으며 물었어요.

"훈자랑 가고 싶어요. 혼자는 싫어요."

"네가 원한다면 모임에 가기 전에 거기 사람 한 명을 소개해 줄 수는 있어."

"아니요. 훈자랑 가는 게 아니면 안 갈 거예요."

"그래, 알았어. 훈자가 가도 괜찮은지 전화해볼게. 한 시간 후에 내 사무실로 오렴."

브렛의 조건은 의외로 쉽게 받아들여져 일단 첫 모임에는 와도 된다고 했어요. "어떻게 되는지 지켜보지요." 담당자가 말했어요. "그 모임에 오는 사람들 모두가 훈자와 함께 있는 것을 편안히 받아들여야 할 겁니다."

모임을 앞두고 브렛을 데리러 갔어요. 그가 뒷자리에 조용히 앉아 훈자를 끌어안았지요. 브렛의 중얼거리는 소리가 희미하게 들렸어요.

"내게 중요한 밤이야, 훈자. 나를 실망하게 하지 마, 친구야"

이어서 물어보는 말이 들렸어요.

"나 지금 떨고 있는 거 같아?" 내가 아닌 훈자에게 묻는 말이었지요.

"실은 나 너무 무서워. 같이 있어줘."

브렛과 훈자를 내려주며 모임 후 데리러 오겠다고 말했어요. 모임이 열리는 강당 밖에 차를 대고 기다렸지요. 90분의 시간이 더디게 흘러갔어요. 별의별 생각이 다 떠올랐어요. 오히려 최악의 상황으로 치닫지 않을까? 아니면 회복할 수 있는 좋은 기회가 되지 않을까? 전혀 알 수 없었지요.

끝나는 시간이 몇 분 지나자, 모임에 참석한 사람들이 나오더니 이야기를 주고받으며 서 있었어요. 마침내 브렛이 훈자와 함께 나왔지요. 차창을 내리니 얘기 소리가 들렸어요. 놀랍게도 브렛이 웃고 있었어요!

"다음 수요일 밤에도 훈자 데리고 올 거야, 친구?" 누군가 물었어요.

"루스에게 물어봐야겠지. 훈자는 여길 좋아하지만 말이야."

"훈자가 네 멘토가 될 수도 있겠네."

브렛이 크게 웃었지요. 브렛과 훈자가 차에 오르자 내가 크게 외쳤어요.

"누구, 차 탈 사람 더 없을까요?"

"이런 젠장, 끝내주는 개를 데려오더니 이젠 우릴 차로 집에 데려다주기까지 한다네!" 두 명이 밴에 올랐어요. 들어오자마자 훈자 이야기로 떠들기 시작했지요.

"정말 훌륭한 개예요. 어찌나 차분한지. 수요일 밤에도 훈자랑 같이 데려다줄 거죠?"

당연히 훈자는 수요일 밤에도 모임에 동행했어요. 그 후에도 두 번을 더 모임에 참석했지요. 어느 날 브렛이 같이 가줄 멘토가 더 이상 필요하지 않다고 내게 자신 있게 말했어요.

"더는 훈자에게 기대고 싶지 않아요."

우리는 분명 큰 진전을 이루었어요. 다시 한번 훈자는 영웅이 되었답니다.

질 러셀 테리어 탈라

루이스가 우리 책방을 처음 찾았을 때, 나는 그의 차 앞자리에 앉아 있는 자그마한 개한테 눈을 뗄 수가 없었다. 축축한 검정 코를 차창에 대고 눈이 뚫어져라 우리를 바라보고 있었다.

"개를 차에서 내리게 해도 돼요. 여기서 돌아다녀도 괜찮아요."

"정말 괜찮을까요? 워낙 제 멋대로인지라…." 루이스가 말끝을 흐렸다.

루이스가 차 문을 열자 하얗고 부드러운 황갈색의 잭 러셀 테리어|영국에서 여우 사냥을 위해 길러진 소형견. 뛰어난 지능에 활발하고 에너지가 넘친다_옮긴이|가 튀어나왔다. 작은 몸으로 세상을 다 가진 듯한 당당함과 에너지를 뿜어냈다. 이 아이의 이름은 탈라였다. 아홉 살이라

고 하는데 꼭 다섯 살처럼 보였다. 루이스는 암컷인 탈라를 '잭 앤질'에서 따와 '질 러셀'이라고 부르기도 했다. 탈라가 홀리브룩 케널에서 루이스의 품으로 온 것은 생후 12주 때였다.

루이스는 키가 크고 조용한 70대 후반의 신사다. 그는 책을 가리지 않고 읽는 열렬한 독서가다. 두꺼운 책도 거침없이 읽어 낸다. 하루는 루이스가 켄 폴렛의 『네버Never』 이야기를 꺼내서 놀란 적이 있다. 그 책은 정치 스릴러 소설로 816쪽이나 된다. 그가 평생 읽은 책이 좋이 수천 권은 될 것 같았다.

루이스는 반려견의 이름을 쉽게 정했다. 탈라는 북미 원주민 말로 '늑대'라는 뜻이다. 루이스는 미국 동물을 좋아한다. 1만 3000년 전이라면 탈라가 정말 하얀 늑대였을 거라고 말하며 마치 대단한 비밀을 털어놓는다는 듯이 짐짓 의미심장한 눈빛으로 슬며시 웃기까지 했다.

그는 페얼리에서 태어나 열네 살 때부터 가족 농장에서 일했다. 팻을 만나 결혼하고 두 딸 린리 마리아와 테리 벨린다를 입양했다. 스물다섯 살이 되었을 때 사우스랜드 지역에 있는 대규모 농장인 마운트 린턴 스테이션에서 일하게 되었다. 일 년이 지났을 때 그 농장주가 근처에 농장을 하나 더 사들였고, 루이스에게 관리를 맡아달라고 요청했다. 새로운 농장을 맡게 된 루이스는 그곳에서 무려 26년을 한결같이 열심히 일했다. 농장 일을 매 순간 사랑했지만, 건강상의 이유로 떠나게 되었다.

루이스는 평생 개를 키웠다. 그가 함께한 개들은 훈련을 잘 받아 하나같이 얌전하고 말을 잘 들었다. 하지만 그 전례를 와

장창 깨부순 주인공이 바로 탈라였다! 탈라를 들이기 전에 키우던 미시가 열세 살에 암으로 죽자, 루이스는 너무도 상심하여 다시는 개를 키우지 않겠다고 다짐했다. 하지만 그의 친구들이 그를 걱정하여 반려견을 들이라고 끈질기게 설득했다. 그 결과 탈라가 그의 새 가족이 되었다.

루이스의 아내 팻은 9년 전 암으로 세상을 떠났다. 루이스는 탈라가 없었다면 그동안의 세월을 결코 버텨내지 못했을 것이라고 한다. 팻이 암 진단을 받고 투병 생활을 하는 동안 탈라는 팻의 곁을 지키며 많은 시간을 함께 보냈다. 잠도 팻 옆에서 잤다. 안타깝게도 팻은 결혼 50주년을 불과 다섯 달 앞두고 세상을 떠났다.

루이스와 탈라는 이제 함께 밥을 먹고 함께 산책한다. 나란히 앉아 텔레비전을 보고 함께 잠든다. 루이스에게는 당뇨병이 있다. 루이스의 혈당이 내려가면 신기하게도 탈라가 이를 알아차린다. 실제로 탈라가 루이스의 어깨를 두드려 깨워서 뭘 먹게 하거나 혈당을 재도록 한 게 몇 번이나 된다.

탈라는 이제 우리 책방이며 정원 구석구석을 다 꿰뚫고 있다. 책방에 도착하면 호기심 어린 표정으로 아슬랑아슬랑 돌아다니며 자기 나름의 점검에 나선다. 모든 게 제대로 정리되어 있다고 확인하고 나서야 만족스러운 표정으로 루이스 옆에 앉는다. 루이스는 책장을 넘기며 책에 몰두하고 있다. 그렇게 둘 다 편안하게 그들만의 세상으로 빠져든다.

가족이 된 잭

잭은 초콜릿 빛과 새하얀 털 사이로 연한 갈색 점들이 주근깨처럼 드문드문 박혀 있는 믹스견이다. 저먼 쇼트헤어 포인터|독일산 사냥개로 짧은 털과 점박이 무늬가 특징이며 민첩하고 후각이 뛰어나다_옮긴이|와 뉴질랜드 헤딩 도그|보더 콜리에서 유래한 뉴질랜드의 목양견으로 민첩하고 지능이 높으며 강한 시선으로 가축을 앞에서 몰아간다_옮긴이|가 각각 4분의 1, 보더콜리|탁월한 지능과 민첩성을 지닌 목양견으로 세계에서 가장 똑똑한 견종으로 꼽는다_옮긴이|가 절반 섞여 있다. 맑은 눈망울은 촉촉하고 반짝반짝 빛난다. 언제나 에너지가 넘쳐나는 잭은 이제 겨우 6개월이 되었다.

잭의 집은 우리 책방에서 아주 가깝다. 어느 날 내가 찾아갔을 때 잭이 밖에서 눈을 가지고 놀고 있었다. 어제 내린 큼직한 눈송이가 포슬포슬 쌓였다가 금세 녹아버려 그늘진 곳에만 조금 남아 있었다.

만세! 잭이 집 안으로 들어와도 된대요! 잭이 기쁨에 넘쳐 쏜살같이 주방을 향해 질주했다. 이어서 스케이트를 타듯 리놀륨 바닥을 미끄러지며 우리가 있는 거실로 와서 신나게 뛰었다.

엘렌은 프랑스 출신이다. 프랑스어를 전공했고 일본에서 프랑스어를 가르치기도 했다. 언어학 석사 학위를 취득하고 교환 근무 프로그램에 지원하여 오클랜드로 오게 되었다. 여행을 좋아하는 엘렌이 쉬는 날 피오르드랜드를 찾아 다우트풀 사운드로 향하는 크루즈에 올랐고 거기서 앤드루를 만났다. 앤드루는 당시 밀퍼드 사운드에서 살고 있었다. 그의 초대로 밀퍼드 사운드를 찾은 엘렌은 아름다운 자연에 완전히 매료되었다. 이후 밀퍼드 사운드에서 일할 기회가 오자 주저하지 않고 결정을 내렸다. 앤드루는 물론 엘렌 자신도 놀라워했다. 그렇게 그들은 같은 회사에서 일하게 되었다, 하지만 엘렌과 앤드루는 몇 년간 그저 동료이자 가까운 친구 사이일 뿐이었다.

앤드루는 워낙 배에서 지내는 것을 좋아했던지라 최종적으로 제한 구역 운항 선장 면허를 취득하고자 했다. 먼저 갑판원으로 일하며 차근차근 경험을 쌓아갔다. 이어서 오클랜드 고속 페리에서 경력을 쌓고 마침내 '퓨어 밀포드'라는 회사에 선장으로 합류하게 되었다.

엘렌이 밀퍼드 사운드에 도착한 지 약 2년 후, 캐나다에서 휴가를 마치고 돌아온 앤드루가 다시 '밀퍼드 사운드 투어리즘'

이라는 회사에서 항만 관리 업무를 제안받았다. 하지만 얼마 지나지 않아 대규모 폭우로 인해 밀포드 로드가 유실되어 길이 막혀버렸다. 게다가 뒤이은 코로나19로 뉴질랜드 당국이 국경을 폐쇄하기에 이르렀다. 해외 관광객을 상대로 하는 관광 산업이 한순간에 멈췄다.

앤드루는 주도적으로 일을 진행하는 적극적인 성향 덕분에 팀장 자리를 제안받았고 바로 이를 받아들였다. 그때 엘렌은 가족을 만나러 잠시 프랑스에 머물고 있었다. 다시 밀퍼드 사운드로 돌아온 엘렌은 문득 깨달았다. 눈앞의 앤드루가 단순히 친구로만 두기에는 너무도 매력적인 남자라는 것을. 이후 둘의 관계는 급속히 발전하여 연인 사이가 됐다.

두 사람은 밀포드에 있는 64제곱미터 크기의 작은 숙소에서 함께 지내며 풀타임으로 근무했다. 그들은 무엇보다 제대로 된 집이 절실히 필요했다. 밀포드에서 벗어나 쉴 수 있는 집이어야 했다. 이곳 마나포우리에 온 두 사람은 여기서 살아야겠다고 결정하고 집을 찾아 나섰다. 3년이 지난 지금 엘렌과 앤드루는 반려견 잭과 날렵한 고양이 루이, 그리고 막 태어난 아기 어니와 함께 우리 마을에서 살고 있다.

아기, 강아지, 게다가 고양이까지? 어릴 때부터 애완동물과 함께 지낸 엘렌은 아이들이 동물과 함께 자라는 것이 무척 중요하다고 생각한다. 그들이 반려견을 들여야겠다고 생각했을 때 특정 견종을 염두에 두고 있진 않았다. 그러던 차에 이웃집 개가 새끼를 많이 낳았다는 이야기를 전해 들었다. "부모도 훌륭하고 강아지들도 다 이뻐요." 그들은 작은 수컷 강아지 한 마리를 집으로 데리고 왔다.

 요즈음 두 사람은 책 읽을 시간이 별로 없다. 당연한 일이다. 앤드루는 주로 스릴러 소설을 즐겨 읽는 편이지만 우리 책방에 들러 뉴질랜드 역사, 특히 피오르드랜드에 관한 책을 사기도 한다. 엘렌은 현재 육아 관련 책을 읽고 있지만, 프랑스에 어린이책을 이미 주문해놓은 상태다. 어니가 프랑스어와 영어 모두 구사하기를 바라기 때문이다.

 잭이 벽난로 옆에 깔린 담요 위에서 몸을 둥글게 말아 웅크리고 있다.

 "잭이란 이름은 어떻게 지었어요?" 내가 앤드루에게 물었다.

 "글쎄요, 이런저런 이름을 수도 없이 많이 생각했지요. 그러다가 며칠 동안 두부에서 따와 '토푸'라고 불렀어요. 그런데 함께 산책하면서 '이리 와, 토푸!'라고 큰 소리로 외치는 것이 좀 민망하더군요. 그래서 한 음절로 된 이름을 찾기로 했죠. 우리가 '잭!' 하고 외쳤더니 글쎄 벌떡 일어나 앉아 우리를 바라보는 게 아니겠어요? 마치 그 이름을 기다렸다는 듯이 말이죠. 그렇게 잭이 됐어요."

 잭은 벽난로 앞에서 얌전히 깊은 잠에 빠져 있다. 곤히 잠든 모습을 보니, 이 강아지가 정말 최근에 철분제 알약 2주치를 한꺼번에 먹고 동물병원에서 위세척까지 해야 했던 바로 그 강아지가 맞나 싶었다.

 내가 이제 돌아가려고 자리에서 일어나자, 잭이 바로 눈을 뜸과 동시에 펄쩍 뛰어오르며 내쳐 달려 나간다. 이 녀석에겐 1단 기어도 2단 기어도 아예 없다. 바로 최고 기어로 최대 속도를 찍어버린다.

그래, 너 철분제 몽땅 집어삼킨 그 개 맞는구나!

훈자 이야기
훈자와 소년의 가장 친한 친구

랜스와 나의 휴무일이 우연히 겹쳤어요. 인버카길에서 집으로 향했지요. 같은 시간 랜스 역시 바다에서 집으로 돌아오고 있을 거예요. 서로 반대 방향에서 마나포우리 집으로 가고 있는 거죠. 훈자는 어디에 있든 무엇을 하든 신경 쓰지 않았어요. 나와 함께 뭔가를 한다는 것, 그것만이 중요할 뿐이었지요.

랜스의 크리스마스 선물로 50시시 스즈키 중고 오토바이를 사두었어요. 그는 바다에서 돌아오는 날이면 꼭 지역 호텔로 가서 좋아하는 소시지와 감자튀김을 저녁으로 먹지요. 그때 요긴하게 쓰일 것 같아 그가 좋아하리라 내심 기대가 되었어요. 하지만 내 생각은 보기 좋게 빗나가고 말았어요. 랜스의 마지막 오토바이는 150시시 스즈키였지요. 그게 열여덟 살 때였고, 심지어 그전에는 650시시짜리 트라이엄프 선더버드를 몰았어요. 파이프를 입에 물고 핑크빛 실크 스카프를 날리며 선더버드를 모는 사람에게 50시시 오토바이라니, 낭패가 분명했지요.

하지만 훈자가 그 뒷자리에 타고 싶어 하면서 상황은 완전히 바뀌었어요. 그 작은 스즈키 오토바이가 갑작스레 자기 역할을 톡톡히 하기 시작한 거예요.

우리는 뭐든 훈자랑 함께하고 또 훈자는 우리를 전적으로 믿고 따랐지요. 실제로 훈자는 올라탈 준비를 마치고 우리를 기다렸어요. 렌스가 윗옷을 벗고 청바지만 입은 채 웃었지요. 우리는 그의 팔에 타투를 새기듯 '엄마'라고 쓰고, 이어 별 의미 없는 엉뚱한 그림을 그렸어요. 머리엔 우스꽝스러운 모자도 씌웠지요. 이제 훈자 차례였어요. 눈에 다이빙 고글을 거꾸로 씌우는데도 마치 기다렸다는 듯이 훈자는 얌전히 앉은 채로 미동도 하지 않았어요. 그만큼 오토바이를 타고 말겠다는 의지가 분명했지요. 그렇게 열정 가득한 훈자가 오토바이를 타고 첫 모험을 떠났고 나는 그 자리에 서서 지켜보았어요. 오토바이가 홈스트리트를 돌아나가면서 훈자가 몸을 기울이는 것이 보였지요. 훈자가 그 좁은 자리에서 어떻게 균형을 잡고 있는지 나로선 놀라울 따름이었어요. 얼마나 지났을까, 오토바이가 돌아왔어요. 랜스가 큰 소리로 웃으며 내렸고 훈자는 지긋이 미소 짓고 있었지요. 내 크리스마스 선물이 꼭 실패로 끝난 건 아니었어요.

　훈자는 매일같이 우리를 즐겁게 하고 또 놀라게 했어요. 늘 크고 작은 도전을 좋아했기에 우리는 외바퀴 손수레에 훈자를 태우고 뒷마당을 누비며 신나게 놀 수도 있었지요. 또 아무리 어렵고 무서워도 도전을 마다하는 법이 없었어요. 한번은 랜스의 아들 데인이 미끄럼틀을 타려고 가파른 사다리를 오르고 있었어요. 그걸 본 훈자가 단번에 미끄럼틀로 향하더니 데인의 뒤를 따라 올랐지요. 그 자세가 결코 우아하다고는 할 수 없었으나 어찌 됐든 훈자는 꼭대기까지 올라갔어요. 데인을 따라 쌩하고 미끄럼틀을 타고 내려오더니 곧바로 시소의 한쪽 끝에 가 앉는 게 아니겠어요?

　어느 날 저녁, 평소에 훈자가 가지고 노는 공 대신 우리가 양파를 던져주었어요. 훈자는 열심히 뛰어가 그 양파를 잡더니 아무렇지도 않은 듯 양파를 우리에게 갖다주었지요. 그러기를 몇 번이나 했을까, 게임을 마쳤다고 생각했는지 훈자가 바닥에 누워서는 그 양파를 먹기 시작하는 거예요! 아뿔싸, 결코 맛있어 보이지는 않았어요. 사실 훈자의 입술은 거의 뒤집힐 정도로 일그러졌고 두 눈은 질끈 감고 있었지요. 그 상태로 양파 하나를 끝까지 먹어 치우는 훈자! 지켜보는 우리가 다 미안해졌지요.

　우리가 게임할 때면 늘 훈자도 함께했어요. 물론 훈자가 게임을 방해할 때도 없진 않았지만, 항상 민첩하게 움직였고 팀워

크도 훌륭했지요.

멜버른에서 어머니와 함께 사는 데인은 방학 때면 우리와 함께 지내요. 데인에게는 제다라는 개가 있지요. 데인은 방학 때 제다를 멜버른에 두고 왔고 이곳에서 훈자와 특별한 관계를 이어갔어요. 데인과 함께 지내는 방학은 우리에게 특별한 시간이었지요. 훈자에게 데인은 놀이 친구이자 자신이 늘 보호해야 할 대상이었어요. 훈자는 그것을 금세 알아차렸어요.

랜스는 환경보전부 소속 리나운호의 선장이지만 자격을 갖춘 잠수부이기도 했어요. 그가 맡은 일은 잠수하여 피오르드랜드 지역에 흩어져 있는 새끼 바닷가재 수를 확인하는 것이었지요. 이 일을 계기로 그는 피오르드랜드 수중 세계 보호에 열정적으로 참여하게 되었어요.

데인은 열두 살이 되자 아버지를 따라 잠수부가 되고 싶어 했어요. 긴 논의 끝에 랜스가 계획을 세웠지요. 그날이 오자 훈자와 나는 랜스, 데인과 함께 마나포우리 호숫가까지 내려갔어요. 그곳에서 데인의 첫 다이빙, 그 모든 과정을 지켜보았지요. 랜스가 아들의 등에 스쿠버 탱크를 얹고 허리에 적당한 무게의 웨이트 벨트를 두른 다음 마스크를 씌우고 5미터 길이의 밧줄을 다이빙 탱크에 묶었어요. 밧줄의 다른 쪽 끝은 가로 100센티미터, 세로 50센티미터 크기의 폴리스타이렌 판에 묶여 있었지요. 데인이 5미터 이상 깊이 잠수하는 것을 방지하기 위함이었어요.

 데인은 수영을 아주 잘했고 자신감도 넘쳐났던 까닭에 우리는 별 걱정하지 않았어요. 실제로 얼마 지나지 않아 수면 위를 천천히 움직이는 하얀 부표만 보였지요. 랜스와 나는 느긋하니 여유롭게 바라보는데 훈자는 결코 그럴 수 없었나 봐요. 물속으로 뛰어들더니 곧장 부표로 헤엄쳐 갔고 공기 방울을 따라다니며 계속 우는 소리로 컹컹 짖어댔어요. 우리가 돌아오게 하려고 큰 소리로 훈자를 불렀지만, 훈자는 들은 척도 하지 않았지요. 데인을 찾는 것이 우선이고 전부였을 거예요. 훈자의 머리가 물속으로 사라졌다가 몇 초 만에 다시 올라오기를 거듭했지요. 앞발로 힘껏 물살을 가르며 미친 듯이 울부짖으며 헤엄쳤어요.

 가엾은 훈자. 우리가 아무리 크게 불러도 훈자는 그저 데인 위를 맴돌며 헤엄치기만 했어요. 마침내 탱크 공기가 거의 바닥날 때쯤 데인이 올라와 훈자와 함께 물가로 돌아왔지요. 둘 다 완전히 지쳐 있었어요. 데인은 마냥 행복해했고 훈자는 비로소 안도한 듯 보였지요.

 훈자는 호수에서 아이들을 보면 늘 그랬지요. 오로지 아이들을 구해야 한다는 생각뿐이었어요. 곧장 물속으로 뛰어들어 아이가 있는 곳보다 더 멀리 헤엄쳐 가서 그 아이를 안전한 뭍으로 몰아가려고 애를 썼어요. 그 임무를 마치면 또 다른 아이를 '구하러' 달려갔지요. 한번은 에어매트를 꽉 물고 물가로 돌아오기도 했는데, 그 위에 앉아 있던 아이는 있는 힘을 다해 훈자를 밀어내려고 애를 쓰고 있었어요.

결국 여름방학 동안 가려고 했던 해변 여행은 취소되었어요. 훈자에게도, 우리에게도 큰 스트레스가 되기 때문이었지요.

훈자와 데인은 같이 나가 몇 시간씩 사라지고는 했어요. 주로 숲에서 같이 놀거나 놀이터에서 시소, 미끄럼틀을 타기도 하고 호수에 막대기를 던지고 땅을 파서 구멍을 만들기도 했지요. 어디를 가든 데인에게는 사랑하는 개가 있었답니다.

멜버른에는 데인의 충직한 동반자 제다가 있었어요. 제다는 독일세퍼드와 콜리 믹스견이에요. 초콜릿 빛이 살짝 섞인 커피색 긴 털과 검정 코를 지녔고 두 귀는 머리에 납작 얹혀 있지요. 다른 콜리처럼 제다 역시 지능이 높아 똑똑하고 훈련을 잘 받아 행동도 발랐어요. 데인이 열두 살 때부터 학교 가는 길에 함께 하곤 했지요. 데인과 제다는 주로 에센든의 무니 폰즈 개울가에서 놀았어요. 이곳은 동물사육사 스티브 어윈|호주의 유명한 동물학자, 환경운동가, 방송인으로 다큐멘터리 시리즈 〈크로커다일 헌터〉로 큰 인기를 끌었다_옮긴이|이 어릴 적 놀았던 곳이기도 해요.

데인이 열여섯 살 때 제다가 고속도로에서 교통사고를 당했어요. 데인이 가게에 가는 걸 보고 따라가려다 일어난 일이었어요. 데인은 제다가 당연히 집에 있다고 생각했기에 자기를 따라오는 줄도 몰랐지요. 자동차가 급정거하는 소리와 함께 비명이 들리고 나서야 제다가 따라왔다는 것을 알았어요. 자동차는 멈추지 않고 가버렸어요. 양옆으로 차들이 쌩쌩 지나가는 도로 한가운데에 제다가 쓰러져 있었지요. 간신히 몸을 일으키더니 절뚝절뚝 길을 가로질러 집으로 돌아갔어요. 제다를 뒤쫓아온 데인이 집 밑에 숨은 제다를 발견하고 급히 동물병원으로 데려갔어요. 제다는 심각한 내부 출혈과 함께 앞다리를 다쳤지만 놀랍게도 무사히 회복할 수 있었어요.

제다가 일곱 살이 되었을 때, 데인은 학교를 그만두고 요리사 일을 시작했어요. 새벽부터 밤늦게까지 일하는 날이 많아졌고 휴식 시간도 오후에 잠깐이었지요. 그렇게 데인은 더 이상 제다의 '놀이 친구'가 아니게 되었어요. 몇 년 후 데인이 해외로 나가자 제다는 삶의 의욕을 잃어버렸지요. 점차 체중이 줄어들더니 우울증에 빠지고 만 거예요. 데인이 다시 돌아온 건 제다가 열세 살 때였어요. 평생 친구가 돌아왔으니 당연하다는 듯이 제다는 곧바로 활기를 되찾았답니다.

그로부터 3년 후, 제다는 데인에게 잊지 못할 추억을 남겨준 채 무지개다리를 건넜어요. 제다는 데인에게 충실함과 사랑 그리고 우정의 의미를 가르쳐준 첫 번째 반려견이었지요.

'은퇴한' 양치기 개 샘과 젬

캐서드럴 피크 스테이션은 마나포우리에서 그리 멀지 않은 곳에 있다. 도로부터 시작되는 이 농장은 세차게 흐르는 개울을 지나 프리스톤 힐 꼭대기까지 이어진다. 완만한 언덕이 이어지는 농장은 온통 나무로 뒤덮여 있다. 내가 본 농장 중에 가장 아름다운 곳이다. 면적이 800헥타르에 이르는 이 대규모 농장의 소유주는 캠과 웬디 맥도널드 부부다. 부부와 함께 '은퇴한' 양치기 개 샘과 젬도 이 농장에서 살고 있다.

캠은 5대째 농업에 종사하는 농장 집안에서 자랐지만 웬디는 도시에서 나고 자랐다. 웬디의 부모는 막내 웬디가 언니 오빠처럼 당연히 대학에 진학하겠거니 생각했다. 그러나 웬디가 대학에 가지 않고 농장에서 일하겠다고 선언했고 웬디의 부모는 그건 지금까지 받아온 교육을 낭비하는 것이라고 여겼다.

"농장이라고? 거기선 좋은 남자를 절대 못 만날 거야!" 웬디의 어머니가 덧붙였다.

진로 상담 선생님까지 나서서 다른 길을 권했지만, 웬디에겐 모두 지루해 보일 뿐이었다.

뉴질랜드에서 가장 큰 도시인 오클랜드에 살았음에도 웬디는 줄곧 자기 말을 가지고 있었다. 임차한 땅에 방목하여 키우면서 주말마다 말을 타러 다녔다. 웬디는 말을 무척 사랑했고 그 애정이 웬디가 어떤 길을 걸을지 일찌감치 정해주었다. 고등학교 졸업반이 되자 웬디는 지역 신문에 크리스마스 방학 동안 일할 농장을 찾는다는 광고를 냈다. 다행히 한 낙농가에서 일할 기회를 얻었다. 웬디의 부모는 크게 실망했지만, 이 일을 계기로 웬디는 진심으로 농부가 되고 싶다고 확신하게 되었다.

고등학교를 졸업하고 처음 몇 년 동안 웬디는 여러 농장에서 경험을 쌓았다. 그 후 북섬 작은 마을인 불스에 있는 농업 훈련 학교 플록 하우스에 등록해 교육을 받았다.

교육을 마치고 웬디는 히피 트랙을 걷기 위해 남섬으로 내려갔다. 웬디가 말을 얼마나 좋아하는지 잘 아는 친구가 자기 친구인 캠을 찾아가 보라고 추천해주었다. 당시 캠은 남섬의 와이마카리리 분지에 있는 한 대규모 농장에서 지내며 말을 타고 트레킹하는 프로그램을 준비하고 있었다.

웬디는 캠을 처음 만나고 "농장에선 좋은 남자를 절대 만날 수 없다"라는 어머니의 말이 틀렸다는 것을 직감했다. 곧바로 자신의 말 카반을 캠이 있는 캔터베리의 농장 캐슬 힐 스테이션으로 옮겨갈 수 있게 준비했다. 카반은 거세된 수말로 키가 약 170센티미터에 흰색과 검은색, 그리고 갈색 털이 섞여 있었다. 그렇게 웬디는 카반과 함께 캠의 트레킹 사업에 합류하게 되었다. 이 사업은 당일치기부터 길게는 열흘까지 걸리는 다양한 프로그램으로 구성되어 있었다. 말을 타고 고지대 농장을 지나며 양치기 목동의 오두막에서 밤을 보내거나 밖에서 텐트를 치고 야영하는 방식으로 진행되었다. 음식과 트레킹 용품은 다른 짐말로 실어 날랐다.

캠과 웬디는 시작부터 호흡이 척척 맞았다. 결국 말 트레킹 사업을 정리한 뒤에도 센트럴 오타고의 한 농장에서 함께 일자리를 구했다. 워낙 성실히 일했던지라 곧 그 농장의 일부를 임차할 수 있었다. 그러던 중 정부가 토지 정착 사업으로 시행하는 구국유지 분양 제도에도 지원했다. 2년 후, 그들은 마나포우리 외곽에 있는 프리스톤 힐 농장을 얻는 데 성공했다. 당시 캠은 서른한 살, 웬디는 스물여섯 살이었다.

1982년 그들이 인수한 프리스톤 힐 농장에는 12개의 방목장이 있었고 군데군데 바람을 막기 위한 숲이 조성되어 있었다. 처음에는 여덟 마리의 개를 두 그룹으로 나눠 각자 담당했으나, 나중에는 네 마리로 줄여 한 그룹만 운영했다.

이후 몇 년 동안 수천 그루의 나무를 심는 등 힘든 작업을 계속해나갔다. 지역에서 자라는 자생식물로 구성된 대규모 정원도 농장의 안채 주변에 조성했다. 그리고 이곳을 개방하여 누구나 와서 즐길 수 있게 했다. 그러던 중 뉴욕에서 미국인 부부, 프랜시스(프랭크)와 앤 캐벗이 이 농장을 방문했다. 프랭크는 자신을 '원예 애호가'라고 했는데, 알고 보니 1973년부터 1976년까지 뉴욕 식물원의 회장을 역임한 인물이었다. 정원 투어 중 프리스톤 힐의 정상에 이르자 프랭크는 아름다운 풍경에 넋을 잃고 한동안 말없이 바라보기만 했다. 캐벗 부부는 이 농장과 피오르드랜드에 깊이 매료되어 맥도널드 부부와 파트너십을 맺고 농장 옆에 있는 부지 세 곳을 함께 사들였다.

그렇게 합병된 농장의 이름은 캐시드럴 피크 스테이션으로 변경됐다. 마나포우리 서쪽을 따라 아름답게 펼쳐지는 고지대의 이름을 따온 것이다. 프랭크와 앤은 프리스톤 힐의 정상 근처에 그들만의 집을 짓고, 미국에 겨울이 오면 뉴질랜드로 날아와 그 집에서 여름을 보냈다.

프랭크가 그 집에 머무를 때면 내가 처음 열었던 책방 45 사우스앤드빌로우도 자주 찾아왔다. 그는 열렬한 독서가답게 책을 무척 사랑했다. 자기가 좋아하는 작가들의 책과 뉴질랜드 작가들의 책, 그리고 많은 고전들을 소장하고 있었고 음악 컬렉션도 다양했다. 프랭크와 나는 그의 집에 작고 멋진 서재를 함께 꾸몄다. 서가에는 피오르드랜드, 사우스랜드, 자연사, 식물학에 관한 책들이 더해졌다.

사실 프랭크는 작가이기도 했다. 그가 쓴 『궁극의 정원The Greater Perfection』은 20세기 초 캐벗 가문이 세운 여름 별장을 자신이 수십 년에 걸쳐 독창적이고 철학적인 정원으로 만들어가는 과정을 담고 있다. 이 책은 옥스퍼드대학교의 『옥스퍼드 가든 백과사전』에서 "정원을 만든 사람이 직접 쓴 최고의 책 중 하나"라는 찬사를 받았고, 2003년 북미의 식물학 및 원예학 도서관 위원회에서 문학상을 받았다. 이 책 내용은 다큐멘터리로도 제작됐다. 8헥타르에 달하는 퀘벡의 아름다운 레카트르방 정원을 배경으로 완벽한 정원을 추구하는 그의 집념이 고스란히 담겨 있다. 이 다큐멘터리 〈가드너 The Gardner〉는 최근 뉴질랜드 관객들에게도 소개됐다.

    웬디와 캠은 농장을 확장하고 농장 관리자로 앤디를 고용했다. 앤디가 자신이 담당하는 작업견 그룹에 웬디가 키우는 어린 헤딩도그 클레이를 합류시킬 수 있는지 물었다. 웬디는 클레이를 대신할 개를 찾아주는 조건으로 허락했다. 새끼 양이 태어나는 시기에 자신을 도와줄 수 있도록 기본적인 훈련이 된 온순한 개를 찾고 있었다. 몇 주 후 샘이 도착했다. 샘은 웬디가 원하던 바를 모두 갖추고 있었다.

    세월이 흘러 샘은 나이가 들어 점점 느려졌다. 웬디는 샘의 일을 덜어줄 다른 헤딩도그 젬을 데려왔다. 샘과 젬은 번갈아 가며 반나절씩 어미 양을 돌보았다. 양들을 이동시킬 때는 샘과 젬이 서로 도와 함께 일했지만 버거울 정도는 아니었다. 대규모 작업은 관리자인 앤디와 그의 그룹이 도맡았다. 부부가 농장을 둘러볼 때는 항상 샘과 젬을 뒷자리에 태우고 다닌다. 그래서 둘은 자신들이 여전히 농장에 꼭 필요하다고 느낀다. 농장에서 일하는 개치고는 제법 호강을 누리고 있는 편이다.

이제 열한 살이 된 샘은 여전히 양 돌보는 일을 좋아한다. 지칠 때까지 하려고 하므로 잘 지켜보다 말려야 한다. 일을 하지 않을 때는 웬디의 작업용 바이크 뒷자리에 앉아 시간을 보내다가 차고에 있는 자기 소파에서 편안히 널브러져 지낸다.

2011년 프랭크가 세상을 뜨고 앤이 더 이상 여행을 할 수 없게 되자, 캠과 웬디가 캐벗 부부의 농장 지분을 매입했다. 프리스톤 힐 정상에 있던 캐벗 저택은 5성급 호텔인 캐벗 롯지로 바뀌었다. 캐벗 롯지는 현재 캠과 웬디의 딸 브레디와 그의 남편 브래드가 운영하고 있다.

내가 샘과 젬 이야기를 다 쓰고 열흘쯤 지났을 때 웬디가 젬이 안락사했다는 소식을 전했다. 트럭 뒤에서 뛰어내렸는데 착지가 좋지 않아 앞다리 인대가 찢어졌다고 했다. 담당 수의사가 긴 재활 과정과 계속되는 통증이 고령의 개에겐 너무 큰 고통이라고 조언했다. 그들은 어쩔 수 없이 젬을 보내주어야만 했다.

샘은 동료이자 친구였던 젬 없이 살아가야 한다. 지금 샘은 본채로 옮겨와 지내고 있다. 내가 찾아갔을 때 샘은 따뜻한 마루에서 자기 매트에 편안하게 누워 있었다. 내가 무릎을 꿇고 그의 곁에 앉아 가만히 머리를 쓰다듬자, 샘이 천천히 고개를 들어 나를 바라보았다. 그 눈에 슬픔이 고여 있는 것 같아 마음이 아팠다.

농부들은 나이 들어 일하지 못하는 헌터웨이나 헤딩도그 같은 양치기 개를 기르기 힘들어한다. 마침 그들에게 새로운 가정을 찾아주는 웹사이트가 개설됐다. 농장에서 오랫동안 열심히 일한 개들이 따뜻한 난로 앞에 몸을 말고 누워서 마음 놓고 꿈꾸며 지낼 수 있는 새로운 가정으로 가는 것, 그것이야말로 완벽한 마무리일 것이다.

훈자 이야기

훈자와 창문을 넘어간 소녀

사무실 자동응답기가 다급하게 깜박였어요. 메시지가 여섯 개 나 와 있었지요. 급히 답해야 할 내용이 있는지 확인한 다음, 한나라는 여성에게 전화를 걸었어요.

"안녕하세요, 루스입니다. 남기신 메시지 보고 연락드려요."

전화를 받자마자 한나는 바로 이야기를 쏟아냈어요. 열네 살 딸이 지난 2주 동안 매일 밤 자기 방 창문 밖으로 나간다는 말이었지요.

"그 일에 대해 따님과 이야기해보셨나요?"

"아니요. 걔는 제가 알고 있는 줄 몰라요."

뭔가 이상했어요. 왜 딸에게 직접 물어보지 않을까요? 궁금한 것이 많았어요. 그 아이는 한밤중에 어디로 가는 걸까요? 남자 친구가 있는 걸까요? 집에는 몇 시쯤 돌아오는 걸까요?

"직접 만나서 이야기하시죠. 언제가 괜찮을까요?"

"3시 반이 좋겠어요. 수지가 오늘 방과 후에 하키 연습이 있어서 5시나 되야 집에 올 거예요."

한나가 알려준 주소로 3시 반까지 가겠다고 하고 전화를 끊었어요.

베란다가 딸린 한나의 집은 예스러운 느낌을 풍겼어요. 작은 정원도 잘 관리되어 있었지요. 문 앞에서 나를 기다리던 한나는 다소 긴장한 모습이었어요. 동시에 이 문제를 누군가와 상의할 수 있어 다행이라는 표정도 엿보였지요.

한나가 30분가량 이야기를 털어놓았어요. 나는 메모를 하며 경청했지요. 이야기를 들을수록 상황이 좋지 않아 보였어요.

"그런데 왜 2주 동안 가만히 계셨나요? 수지와 얘기를 해보거나 학교 상담 선생님을 찾아가실 수도 있었을 텐데요." 결국 내가 물어볼 수밖에 없었어요.

한나는 고개를 저으며 작은 목소리로 중얼거렸지요.

"무엇을 알게 될지 너무 두려웠어요."

한나가 나를 수지의 방으로 안내했어요. 침대 바로 옆에 위아래로 여닫는 큰 창문이 있었지요. 창문을 열고 땅으로 뛰어내리는 건 어려운 일이 아니었어요. 그다음 네 걸음만 가면 차고를 지나 길가로 나갈 수 있었지요. 옷장에는 사진 몇 장이 붙어 있었어요. 사진 속에 남자 친구로 보이는 사람은 없었지요. 수지 방 맞은편에는 오빠 방이 있었고 부모님 방은 복도를 지나 두 칸 떨어져 있었어요.

예전에 훈자와 함께 수지가 다니는 학교에 가서 친구들에게 인사를 한 적이 있어요. 그래서 수지가 나를 알고 있을 거라고 생각하며 바로 하키 연습장으로 향했지요. 연습이 끝나고 정리 중인 여자아이들에게 다가갔어요. 언제나처럼 훈자가 신이 나서 쏜살같이 달려가 아이들의 관심을 독차지했지요. 몇몇 친구들은 훈자를 기억하고 반갑게 이름도 불렀어요. 내게는 아무도 관심을 보이지 않았지요. 모두가 훈자만 바라보고 있었고 훈자는 너무도 행복해했어요.

"나도 학교 다닐 때 하키를 했었어."

한 소녀에게 자연스레 말을 걸었지요. 훈자에게 정신이 쏠려 있지 않은 아이였어요.

"오른쪽 윙으로 뛰었었지."

"저는 하프백이에요. 우리 팀이 아주 잘하진 않지만 몇 번 이기기도 했어요. 공격수가 괜찮고 골키퍼는 진짜 잘해요."

"나는 루스야. 훈자는 알고 있지? 너는 이름이 뭐야?"

"앤절라예요."

"너희 팀 친구들을 만나보고 싶어. 훈자랑 같이 경기를 보러 가도 될까?"

"그럼요!" 앤절라가 돌아서서 다른 아이들에게 소리쳤어요.

"훈자가 이번 주 토요일에 우리 경기 보러 온대!"

내 이야기는 없었어요. 나도 훈자만큼 하키를 좋아하는데 말이죠!

모두가 환호했어요. 그 아이들에게 다가가 이름을 물었지요. 수지는 뒤쪽에서 훈자의 머리를 쓰다듬고 있었어요. 짙은 생머리를 뒤로 질끈 묶은 수지는 가냘픈 모습에 나이보다 키가 커 보였지요. 그냥 침울해 보인다고 할 수도 있겠지만 내게는 수지 안에 깃든 슬픔이 보였어요.

"집까지 차 타고 갈 사람 있어? 훈자도 같이 가는데."

아이들 네 명이 차에 올라탔어요. 그중엔 수지도 있었지요. 나는 일부러 수지를 제일 마지막에 내려주는 길로 갔어요. 먼저 하키 이야기부터 했지요. 키가 크고 유연한 수지는 달리기도 빨라 센터 자리에서 뛰고 있었어요. 지난주에 골 넣은 이야기를 할 때는 얼굴이 밝게 빛났습니다.

수지의 집 앞에 차를 세우고 나는 수지를 바라보았어요.

"무슨 일이든 나와 이야기할 수 있다는 거 알고 있지?"

"네. 문제가 생긴 아이들을 도와주시잖아요."

"문제가 생긴 아이들만 도와주는 건 아니야. 그냥 누군가와 이야기하고 싶은 친구들과 대화도 나누지. 믿고 이야기할 수 있는 친구가 있다는 건 든든한 골키퍼를 둔 거랑 똑같아. 하키에서처럼 말이야."

수지가 살짝 웃으며 말했어요. "고마워요. 토요일 경기에서 봬요."

"그래, 사흘 뒤에 보자." 자연스럽게 덧붙였지만 달리 대답은 없었지요.

금요일 밤이 별일 없이 지나가고 있었어요. 날이 추워지기 시작해서였는지 길에 나와 있는 아이들이 거의 없었지요. 퇴근길에 수지네 집을 들르기로 했어요. 맞은편 주유소에 밴을 세우고 어둠 속에서 수지네 집 앞을 살펴보았어요. 얼마 지나지 않아 수지가 길가로 나왔지요. 가로등 아래 비친 수지는 짐을 들고 있지는 않았지만, 단단히 옷을 챙겨 입은 상태였어요. 수지가 길을 따라 조금 더 갔을 때 밴에 시동을 걸고 자연스레 따라갔어요. 수지 옆을 지나갈 때 창문을 내리고 불렀지요. "수지!"

수지가 멈춰서 밴을 바라보더니 내게 다가왔어요. "여기서 뭐 하세요?"

"동네 순찰 중이야. 애들을 집에 데려다주고, 무슨 일이 있나 돌아보는 거야. 너는 이 시간에 여기 웬일이야?"

"그냥 산책하고 있어요."

"차에 타. 여기 따뜻해. 안전하기도 하고. 훈자도 뒤에 있어."

수지가 뒤쪽으로 올라 훈자 옆에 앉았어요.

"어디 특별히 가고 싶은 곳이 있을까?" 내가 물었지요.

"없어요."

우리 둘 다 아무 말을 하지 않았고 어느새 시내 중심가에 도착했어요. 사무실 밖에 차를 세우고 말했어요.

"들어가서 나랑 핫초코 한잔할까? 집에 가기 전에 한 잔 마시려고 했거든."

우리는 함께 핫초코를 마셨고, 훈자는 내 옆에서 귀를 쫑긋 세우고 있었지요.

"밤에 산책하던 거에 대해 조금 더 이야기하고 싶지 않니?"

아무 말도 없었어요. 몇 분이 지났을까, 수지가 훈자를 바라보며 자기 무릎을 톡톡 두드렸어요. 훈자는 꼬리를 흔들며 바로 다가갔지요.

"가족이란 건 정말 거지 같아요." 수지가 마침내 입을 열었어요. "어른이 되기만 하면 바로 집을 나갈 거예요."

"너 아직 열네 살이잖아. 집을 나갈 생각을 하기엔 너무 이르지 않아? 정말 그 정도로 안 좋은 거야?"

다시 침묵이 흘렀어요. 수지는 바닥에 앉아 훈자를 꼭 끌어안았지요. 훈자는 그 옆에 편안하게 누워 수지의 사랑을 온몸으로 받으며 행복해했어요.

나는 다 마신 컵을 씻고 다시 자리에 앉았어요. 더 이상 돌려 말할 수는 없었지요.

"밤 11시가 넘어서 어딜 가고 있었는지 말해줄래?"

"친구 집이요. 거의 매일 거기서 자요."

"친구 집이 가까워서 좋겠구나. 그런데 왜 집에서 안 자고?"

"친구랑 함께 있는 게 더 나아요."

"친구 집이 더 안전하게 느껴지는 거니?"

수지가 나를 올려다봤어요. 가만히 고개를 끄덕이더니 벌떡 일어섰어요. "친구 집에 데려다주실래요? 지금 가고 싶어요."

"친구가 지금 널 기다리고 있니?"

"네."

"엄마가 네가 거기서 자는 거 알고 계셔?"

"엄마한텐 말하지 마세요."

"왜 비밀로 하는 거야, 수지? 네가 밤마다 밖으로 나가는 거에 대해 엄마랑 다 같이 이야기해볼 수는 없을까?"

일부러 아빠에 대해선 말을 꺼내지 않았어요. 뭔가 관련이 있을 것 같았거든요.

우리는 잠시 말없이 앉아 있었어요. 훈자는 수지 옆에서 거의 잠들어 있었지요.

"친구 아빠 때문이에요."

나는 무릎을 꿇고 수지 옆에 앉아 두 팔로 꼭 끌어안았어요. 수지가 눈물을 흘리기 시작했지요. 훈자가 자리에서 일어나 깊은 눈빛으로 이 모든 순간을 차분히 바라보고 있었어요.

피해자는 수지가 아니라 수지의 친구였던 거예요.

"지금 가야 해요. 자정이 지나면 그 사람이 돌아와요."

수지의 친구 집으로 향하며 이야기를 나누었어요. 친구에게 내 이야기를 해달라고 부탁하며 나와 친구가 직접 이야기해볼 수는 없을지 조심스럽게 물어보았지요.

토요일이 왔어요. 훈자와 나는 하키 경기를 보기 위해 공원에 도착했지요. 훈자는 곧바로 수지에게 달려갔어요. 수지의 다리에 몸을 기대고 앉았지요. 수지네 팀은 아쉽게도 한 골 차이로 패배했어요. 경기가 끝난 후 여자아이 세 명을 집에 내려줬어요. 수지는 나와 함께 해변으로 가서 훈자가 뛰어놀 수 있게 해주었어요.

훈자는 파도 속에서 신나게 놀고 있었고, 나는 수지에게 밤마다 창문 넘는 걸 엄마가 이미 알고 있다고 말했어요. 그러자 수지는 잠시 생각에 잠겼어요. 그러더니 친구가 누군가와 이야기하는 것을 꺼린다고 말했지요.

수지는 다시 훈자와 함께 파도 속으로 뛰어들었어요. 둘 다 흠뻑 젖은 채 밴으로 돌아왔지요. "좋아요, 엄마한테 말할게요." 수지는 수건으로 훈자를 말리며 말했어요. "그리고 가서 리사도 만나봐요, 우리."

"잘 생각했어. 지금 바로 가자." 정말 다행이었어요.

수지의 엄마 한나도 안도의 한숨을 내쉬었지요. 얼마나 울었을까, 한나는 리사가 당분간 자기 집에서 지내는 건 어떠냐고 제안했어요. 우리는 바로 리사의 집으로 향했지요. 수지는 계속 손톱을 물어뜯으며 초조해했어요. "가서 리사한테 훈자랑 같이 놀러 가자고 얘기하렴. 우리가 잘 해결할 수 있어. 걱정 안 해도 돼."

수지와 리사는 함께 달려 나와 밴에 올라타 훈자 옆에 앉았어요. 공원에서 산책을 마친 후, 우리는 벤치에 함께 앉았지요. "리사, 수지가 왜 너희 집에서 자는지 나한테 말해줬어. 네 이야기를 좀 더 들려줄래?"

"아빠한테는 말하지 않을 거죠?" 리사가 잔뜩 겁먹은 눈빛으로 물었어요.

"약속은 못 하겠구나. 그래도 처음부터 차근차근 이야기해 보자. 그러고 나서 어떻게 할지 함께 고민해보자."

리사의 엄마는 일 년 전에 돌아가셨다고 해요. 그리고 3개월 정도 지나자 리사의 아빠가 리사에게 함께 자자며, 그러면 자기가 슬픔에서 벗어나는 데 큰 도움이 될 거라고 말했어요. 처음에는 리사도 좋은 생각이라고 여겼지요. 리사 역시 엄마가 몹시 그리워 잠을 이루지 못했거든요.

그러나 몇 주가 지나자 아빠는 리사를 껴안기 시작했고 곧 불편한 신체 접촉으로 이어졌어요. 리사는 더 이상 아빠와 함께 자고 싶지 않다고 말하고 자기 방으로 돌아갔지요. 하지만 한 달 전쯤부터 아빠가 자정 무렵 집에 돌아와서는 리사의 방으로 찾아오기 시작했어요. 이때부터 두 소녀는 아빠가 방에 들어오는 것을 막기 위해 함께 고민했어요. 결국 수지가 매일 밤 리사와 같이 자기로 했지요. 수지가 집안에 문제가 생겼다고 핑계를 댔고 아빠는 알겠다고 했어요.

"이렇게 계속할 수는 없어, 리사." 내가 말했어요. "네 아빠의 행동은 잘못된 거야. 그건 알고 있지?"

"알아요. 하지만 아빠는 엄마를 너무 그리워해요. 아빠에겐 내가 필요해요. 아빠 마음을 다치게 하고 싶지는 않아요."

그날 오후 우리는 앞으로 어떻게 해야 할지 함께 논의했어요. 우선 리사는 수지네에서 지내기로 했지요.

그다음 리사의 아빠를 만나러 갔어요. 당연히 훈자와 함께였지요. 훈자는 나를 보호해줄 만큼 든든한 개로 보였거든요. 리사의 아빠에게 두 소녀가 말한 내용을 설명하고 덧붙였어요. "리사는 당분간 수지와 함께 지낼 거예요." 그는 이 말에 감정을 주체하지 못하고 무너져 내렸지요.

마지막으로 이 사건을 연계된 경찰에게 넘겼어요. 리사가 아빠를 방문할 때는 사회복지사와 함께 훈자가 꼭 자리했지요. 두 사람 모두 사랑하는 사람을 잃었어요. 그 슬픔을 이겨내는 중요한 시기에 훈자와 함께 도움을 줄 수 있어서 다행이었답니다.

사냥개 빌

나는 데이브를 오랫동안 알고 지냈다. 이전 책방을 운영할 때, 데이브가 비즐라 두 마리와 함께 책방을 지나가곤 했다. 두 마리 모두 날렵했고 윤기 나는 붉은색 털을 가졌다. 훈련을 매우 잘 받았는지 도도하면서도 우아한 모습이었다.

    13년이 지난 지금, 데이브는 나의 자그마한 책방에 새로운 비즐라 '빌'과 함께 찾아온다. 빌은 현재 아홉 살이고 데이브가 가는 곳엔 어디든 함께한다. 온몸에 힘이 잔뜩 들어가 있고 금방이라도 달려 나갈 태세다. 빌은 타고난 사냥개다. 항상 곁을 지키는 충실한 친구이자 사랑을 아낌없이 주는 반려견이다. 언제나 사냥할 준비가 되어 있으며, 사냥을 하지 않더라도 늘 움직일 태세였다.

비즐라는 사냥감을 잘 찾고 사냥한 동물을 물어오는 역할까지 충실히 해낸다. 주로 새, 사슴, 멧돼지, 주머니쥐 등을 사냥한다. 무언가가 움직이면 비즐라가 바로 따라간다. 빌이 멧돼지나 사슴을 몰아주면 데이브가 총을 겨누어 마무리한다. 사냥감이 도망치지 못하도록 막는 다른 개와 함께 사냥하기도 한다.

데이브는 평생을 사냥꾼으로 살아왔다. 여섯 살 때부터 철망으로 된 덫과 쇠 덫(다행히 지금은 불법이다)을 사용해서 주머니쥐를 잡았지만, 가죽을 직접 벗기기에는 너무 어렸다. 아홉 살부터는 아버지의 지도를 받아 22구경 사냥총까지 사용했다.

데이브네 가족은 1972년 사우스랜드로 이사하여 농사를 짓기 시작했다. 당시 사람들은 지금처럼 법을 엄격하게 따지지는 않았다. 자녀가 책임감 있게 총을 다룰 수 있다는 판단이 서면 부모가 직접 총을 주었다. 데이브는 토끼같이 작은 동물을 사냥하는 법을 빠르게 배웠다. 휴가철에는 캔터베리로 놀러 가 염소나 왈라비도 사냥하기 시작했다.

데이브의 첫 번째 반려견은 아버지가 키우던 보더콜리 '캡'이었다. 캡은 뛰어난 후각으로 사냥감을 찾곤 했다. 오랜 기간 함께 지내며 같이 사냥을 나갔다. 데이브가 집을 떠나 처음으로 농장 일을 나갈 때도 캡이 함께했다.

데이브는 열다섯 살 생일을 몇 주 앞두고 학교를 그만두었다. 진로 상담사가 앞으로의 계획을 묻자 데이브는 이렇게 대답했다. "저는 사슴 사냥꾼이 될 거예요." 진로 상담사는 딱 잘라 말했다. "이제 사냥으로 먹고사는 사람은 더 이상 없을 텐데?" 하지만 데이브는 확고했다. 이미 303구경 소총을 다루었고 또래 친구들과 같이 사냥하고 있었다. 열여섯 살에는 친구들과 같이 처음으로 수사슴을 잡기도 했다. 모스번에 있는 야생 사슴을 취급하는 곳에 그 사슴을 팔아 400달러를 벌었다. 당시 농장에서 일하던 데이브의 주급은 100달러였다.

1986년에 뉴질랜드 산림청이 환경보전부 산하로 개편됐다. 산림청은 사슴 개체수 조절 사업의 규모를 단계적으로 축소하기 시작했지만, 지상 사냥은 여전히 외부에 위탁해 운영했다.

데이브는 농장 일을 파트타임으로 줄이고 사유지 내 야생 사슴 개체수 조절 작업과 양털 깎기 등의 일을 추가로 했다. 물론 시간이 날 때마다 사냥도 빼먹지 않았다. 이 무렵 데이브는 비즐라에 대해 꾸준히 조사했고 직접 키우고 싶어 '짐'이라는 비즐라 한 마리를 들였다. 데이브와 짐은 한 팀이 되어 놀라울 정도로 많은 수의 사슴을 사냥했다. 그리하여 데이브는 피오르드랜드 국립공원 내 머치슨 산맥에서 사슴을 잡는 위탁 사냥꾼 자리를 제안받았다. 머치슨 산맥은 트레킹 애호가 조프리 오벨이 1948년에 타카헤를 발견한 곳이기도 하다. 타카헤는 날지 못하고 주로 지상에서 서식하는 뉴질랜드 고유의 새로 당시 뉴질랜드에서 멸종된 것으로 알려져 있었다.

타카헤의 개체수를 늘리기 위해 500제곱킬로미터 넓이의 지역이 보호구역으로 설정됐다. 현재는 개체수가 400마리가 넘어간다. 데이브는 보호구역에서 사슴을 사냥하는 임무를 맡았다. 해당 임무를 수행하기 전에 우선 데이브의 사냥개 짐이 새를 해치지 않는다는 것을 증명해야 했다.

데이브는 14년 동안 전문 사냥꾼으로 일했다. 정부와는 물론 개인과도 계약을 맺고 뉴질랜드 전역에서 사냥했다.

데이브와 마지막까지 사슴사냥을 함께한 비즐라의 이름은 '무스'였다. 무스는 사냥꾼들 사이에서 전설이 되었다. 근처에 사슴이 있으면 무스는 어떻게 해서든 사슴을 찾아냈다. 데이브와 함께 사냥하는 동안 1000마리가 넘는 사슴을 찾아냈다.

데이브는 한동안 뉴질랜드에서 최고의 사냥꾼으로 꼽히는 '빌'이라는 북섬 출신 사냥꾼과 함께 사냥했다. 데이브는 빌을 매우 존경했고 그의 이름을 따서 마지막 비즐라의 이름을 '빌'이라고 지었다. 빌은 센트럴 오타고에 있는 블랙스톤 케널 출신이다. 블랙스톤 케널은 아주 훌륭한 개를 키우는 것으로 유명한 견사다.

데이브가 더 이상 전문 사슴 사냥꾼으로 일하지 않기 때문에, 빌은 정식으로 사냥개 생활을 한 적은 없다. 대신, 유해 동물인 주머니쥐를 사냥한다. 지난 7년 동안 데이브와 빌은 주머니쥐 1만 4000여 마리를 잡았다.

데이브는 '블레이즈'라는 다른 개도 키운다. 보더콜리로 아직 어린 강아지다. 벌써 냄새를 아주 잘 맡아서 목축견도, 사냥개도 될 수 있을 거라고 믿는다. 블레이즈는 집 밖에서 생활한다. 반면 빌은 9년을 데이브와 함께 일해왔기 때문에 집 안에서 지내는 특권을 누리고 있다.

데이브의 훈련 철학은 다음과 같다. 첫째, 기본 훈련은 모든 견종에 동일하게 적용되며, 당신이 강아지를 집에 처음 데려온 날부터 바로 시작해야 한다. 당신과 반려견의 유대감이 강할 때 훈련으로 더 많은 것을 이룰 수 있기 때문이다. 둘째, 반려견은 당신이 이끄는 무리의 일원이다. 그러므로 일찍이 결정을 내려야 한다. 반려견을 훈련할 것인지, 아니면 반려견이 당신을 '훈련'시킬 것인지. 깊은 유대감을 바탕으로 훈련하여 반려견을 제대로 다룰 수 있어야만 최고의 능력을 끌어낼 수 있다.

훈련에 사용되는 기본적인 명령어는 항상 동일하다. "앉아" "이리 와" "옆으로"(또는 이와 유사한 명령) 등등이다. 휘파람, 목소리, 또는 손동작으로 이 명령어에 반응하도록 개를 훈련시켜야 한다. 또한 사냥개는 수신호를 알아야 한다. 바람이 심하게 불 때도 있고 주인과 멀리 떨어질 수도 있으며 소리를 내지 않아야 하는 상황도 있기 때문이다. 또 총소리 때문에 청력을 잃은 사냥개도 많아 수신호가 필수적이다. 훈련을 계속하면서 더 많은 명령어를 추가할 수 있다. 강아지가 처음에는 아무것도 모른다는 것을 명심해야 한다. 차에 타고 내리는 법, 조용히 있는 법, 옆이나 뒤에서 따라 걷는 법, 멈추는 법 모두 가르쳐야 한다. 일단 유대감이 형성되면 강아지는 언제나 주인을 기쁘게 하려고 애를 쓴다. 덩달아 훈련도 한결 쉬워지고 훈련을 통해 많은 것을 배운 강아지의 삶도 더욱 안전해진다. 명령어는 주인의 위치를 분명히 해주고, 나아가 평생 이어지는 유대감을 한층 더 깊게 만들어준다.

훈련이 잘된 사냥개는 놀라울 만한 능력을 보여준다. 덫을 설치하거나 독성물질이 든 먹이를 뿌릴 때 사냥개를 옆에 두고 작업을 하면 큰 도움이 된다. 작업을 한 위치에 표시를 따로 할 필요가 없어 아무도 누군가 다녀갔다는 것을 알 수 없다. 사냥개와 함께라면 언덕을 오르고 강을 건너서 수풀을 헤쳐 지나가도 안전하게 다시 캠프로 돌아갈 수 있다. 사냥을 마치고 나서는 사냥개에게 "가자"라고만 하면 된다. 사냥개는 돌아가는 길을 기억하기도 하지만 자기의 냄새를 맡으며 스스로 길을 찾아간다. 주인은 사냥감의 가죽을 벗기면서 천천히 따라가기만 하면 된다. 심지어 일 년 뒤에 덫을 확인하러 갈 때도 사냥개는 길을 정확히 찾아갈 수 있다.

데이브는 개와 함께라면 결코 길을 잃지 않을 거라고 확신한다. 개는 언제나 자기 위치를 알고 있기 때문이다. 데이브와 빌이 서로 헤어지게 되면 데이브가 자기 재킷을 땅바닥에 내려놓고 떠나도 빌이 어떻게든 찾아올 것이다. 빌은 재킷을 깔고 앉아 데이브가 올 때까지 기다리고 또 기다릴 것이다.

데이브와 빌은 굳건한 신뢰와 깊은 우정으로 이루어진 동반자 관계다. 데이브는 빌의 몸짓만 보더라도 사냥감이 어디에 있는지, 또 어느 방향에서 오는지 알 수 있다. 마찬가지로 빌은 데이브의 몸짓을 읽고 데이브가 명령하기 전에 무엇을 해야 할지 알아차린다.

이 모든 이야기를 나누는 동안 나는 데이브의 거실에 있었다. 데이브가 빌에게 내 옆의 매트에 앉아 있으라고 명령했다.

빌은 명령에 따라 엉덩이를 살짝이라도 바닥에 대고만 있으면 괜찮다는 것을 잘 알고 있다. 그 상태로 내가 안아주기를 바라며 몸을 한껏 기댔다. 나는 손을 뻗어 빌을 쓰다듬어주었다. 빌이 갈색 눈으로 나를 올려다보았다. 그 눈빛에는 총명함이 반짝이고 있었다. 이 날렵하고 잘 훈련된 개는 자신에게 허용된 영역을 정확히 알고 있다. 다만 지금은 엉덩이를 완전히 떼고 꼬리만 매트에 닿아 있을 뿐이다.

데이브가 눈도 돌리지 않고 불렀다. "빌!" 그러자 빌은 슬그머니 매트 위로 돌아갔다.

봉쇄가 이어준 인연

투이는 샬럿과 로스의 집에 조용히 찾아왔다. 마침 그들은 결혼 30주년을 기념하며 데크에서 샴페인을 마시고 있었다. 그때 잉글리시 스프링어 스패니얼|사냥감을 몰아올 때 뛰어오르는 습성에서 이름이 유래된 활발하고 충성심 강한 조렵견으로 냄새 추적 능력이 뛰어나며 가정견으로도 인기가 높다. 옮긴이| 한 마리가 다가왔다. 마치 집에 온 것처럼 편안한 모습으로 로스의 발 위에 앉았다. 샬럿과 로스는 이 친구를 알고 있었다. 이름은 투이였고 근처에 사는 개였다.

이틀 후, 2021년 8월 뉴질랜드는 코로나19 확산을 막기 위해 봉쇄에 들어갔다. 투이의 주인 로라가 샬럿에게 전화를 걸어서 이렇게 물었다. "봉쇄 기간에 투이를 맡아줄래요?"

투이는 이전 봉쇄 기간에 담을 뛰어넘어 계속 탈출하곤 했다. 항상 다시 돌아오긴 했지만, 로라는 투이의 성격이 뭔가 달라졌다는 것을 느꼈다. 로라네 집에는 투이 말고도 다른 개가 있었다. 바로 투이의 엄마였다. 로라는 자신이 어린 투이에게 충분한 관심을 쏟지 못했다고 생각했다. 다시 봉쇄 조치가 시행되면 투이가 어떻게 행동할지 걱정이 됐다. 다행히 로스와 샬럿은 개를 돌보는 것을 좋아했고 투이는 별다른 물의 없이 그들의 집으로 옮겼다.

그런데 투이는 '임시' 가족에 너무 잘 적응한 나머지 결국 정식으로 샬럿네 집에 입양됐다. 초반에는 집을 헷갈려 원래 집으로 돌아간 적이 몇 번 있었다. 하지만 결국 샬럿과 로스가 새로운 주인이라고 결정한 듯 곧 적응했다.

나는 2009년 샬럿과 로스가 마나포우리에 처음 왔을 때 그들을 만났다. 책을 좋아하는 두 사람은 나의 첫 책방인 45 사우스앤드빌로우를 찾았다. 그들은 십여 년 전 피오르드랜드를 처음 방문했을 때부터 이곳에서 살고 싶다는 꿈을 품어왔다. 하지만 현실적으로 그 꿈을 어떻게 이룰 수 있을지는 막막했다.

그때 샬럿은 웰링턴의 랜드코프사에서 농업 기술자로 일하고 있었다. 그러던 중 테아나우로 전근 제안을 받자마자 주저하지 않고 그 기회를 잡았다. 두 사람 모두 생활 방식을 바꿀 준비가 되어 있었다. 그들이 근무할 농장은 마나포우리 근처 피오르드랜드 국립공원 가장자리에 있었다. 두 사람에게는 완벽한 장소였다. 로스는 농장에서 임시직으로 시작하여 정식 직원이 되었다. 샬럿은 친구들에게 농담처럼 말하곤 했다. "뉴질랜드에서 개를 한 번도 키워본 적이 없는 목동은 아마 로스가 유일할 거예요."

샬럿은 스웨덴에서 태어나 영국 케임브리지에서 자랐다. 로스는 뉴질랜드 타우마루누이 출신이다. 두 사람은 영국 케임브리지에 있는 잼 공장에서 처음 만났다. 샬럿은 품질 관리부에서 일하고 있었다. 로스는 인도와 네팔을 여행한 후 런던에 도착해 일을 찾던 중, 런던에는 뉴질랜드 사람이 너무 많다고 느껴 케임브리지로 가기로 하고 자전거를 샀다. 100여 킬로미터를 자전거로 이동했고 그곳에서 잼 공장에 취직했다.

샬럿은 뉴질랜드에서 온 이 남자를 눈여겨봤다. 어느 날 로스가 먼저 인사를 했다. "안녕하세요, 샬럿." 샬럿은 깜짝 놀랐다. 그 남자 역시 자기에게 관심이 있었다! 두 사람의 첫 데이트는 장애물 달리기 모금행사였다. 행사를 마치고 샬럿이 로스를 케임브리지의 전통적인 여름 무도회인 메이 볼에 초대했다. 타우마루누이 출신 소년에게는 그야말로 새로운 경험이었다. 두 사람은 새벽 4시까지 춤추고 노래했고 그렇게 연인이 됐다. 2년 후 영국에서 결혼식을 올리고 함께 뉴질랜드로 건너와 웰링턴에 자리 잡았다.

2016년에 '자그마한 책방 하나'를 열었을 때 샬럿이 내게 연락했다. 농장을 떠나 마나포우리에 사둔 집으로 이사하기 위해 살림을 줄이고 있다고 했다.

"새집을 찾아갈 책들이 엄청 많아요."

샬럿 덕분에 찰리 맥커시의 『소년과 두더지와 여우와 말』을 알게 되었다. 내가 정말 좋아해서 우리 책방에서 새 책으로 팔고 있다. 그런 책은 몇 권 되지 않는다. 읽을 때마다 눈물이 날 정도로 감동적인 책이다.

(덧붙이자면, 인버카길에서 책방을 찾아오는 한 남자가 있다. 그는 피오르드랜드 지역에 일이 있을 때마다 우리 책방에 들른다. 자기가 수집한 예쁜 돌을 종종 내게 선물하는데 한 번은 물가에 떠내려온 나뭇조각을 가져온 적도 있다. 그의 딸 몰리는 몇 년 동안 암 투병 중이다. 몰리도 책을 좋아하기 때문에 그가 올 때마다 몰리가 읽을 만한 책을 선물로 준다. 그는 늘 조용한 목소리로 따뜻한 미소를 짓는 다정한 사람이다. 그가 마지막으로 책방에 들렀을 때 내게 『소년과 두더지와 여우와 말』한 권을 건네줬고, 나는 지금도 그 책을 소중히 간직하고 있다.)

샬럿은 책이 빼곡히 꽂혀 있는 집에서 자랐다. 내가 지금 정리하고 있는 이 서재에는 샬럿과 로스가 결혼 후 모아온 책들로 가득 차 있다. 우리 집 책장에 두고 싶은 책들이 수십 권이나 되었다. 하지만 나도 짐을 줄이는 중이었기에 모두 내 책방으로 보냈다.

샬럿은 현재 오십 대 중반이다. 투이는 샬럿의 첫 반려견이다. 나는 샬럿에게 마이크 화이트의 『개와 산책하는 법』을 알려주었다. 반려견을 키우는 사람이라면 반드시 읽어야 하는 책이다. 이 책은 마이크가 반려견 '쿠퍼'와 웰링턴의 반려견 전용 공원에서 산책하는 내용으로 시작한다. 쿠퍼는 동물학대방지협회에서 구조된 헌트어웨이|뉴질랜드에서 유래한 목양견으로 지능적이고 활발한 성격이다.

옮긴이]이다. 그렇게 몇 해 동안 마이크는 공원에서 사람들과 이런 저런 이야기를 나누며 반려견과 함께하는 사람들로 이루어진 특별한 공동체의 일원이 되어간다. 개를 사랑하거나, 한 번이라도 키워봤다면 그의 이야기에 공감할 수밖에 없을 것이다.

이제 샬럿은 자신과 딱 맞는 소중한 반려견을 맞이했다. 샬럿과 투이는 친구들과 함께 우리 책방에 들러 시간을 보내곤 한다. 저녁이 되면 로스도 합류하여 같이 산책에 나선다. 가족 모두 행복해 보인다. 이제는 투이의 집이 확실해졌다.

나는 지금 샬럿네의 거실에 앉아 노트북에 메모하고 있다. 축축하게 젖어 꼬질꼬질해진 투이가 귀만 쫑긋한 채 자기 침대 옆에 널브러져 있다. 검정 얼룩무늬를 자랑하듯이 다리를 앞으로 쭉 뻗는다. 까만 발바닥에는 은은한 갈색빛이 감돈다. 꼬리가 아주 살짝 움직이더니 투이가 힐끗 쳐다본다. 자리에서 일어나더니 내 팔 사이를 파고들어 머리를 키보드에 올려놓는다.

투이의 짙은 갈색 눈이 나를 올려다본다. '지금 내 이야기를 쓰고 있는 거 맞죠?'

e로 끝나는 앤

"안녕하세요, 루스! 어디 계세요?"

나는 어린이 책방에서 책에 둘러싸여 정리를 하고 있었다. 이 많은 책더미를 어떻게든 책장에 꽂아넣어야 했다. 아주 멀리서 부르는 소리였다. 밖으로 나가 보니, 손님이 몇 명 있었지만 나를 찾는 손님은 보이지 않았다.

책방으로 들어오는 길에도 사람이 없어 차도 쪽으로 나가보았다. 길 건너편에 나이 든 여성이 전기 자전거에 기대어 서 있었다.

"아, 나오셨네요! 다행이에요!"

나는 이 여성을 알아보지는 못했지만 일단 다가가며 말을 건

넜다.

"괜찮으세요?"

"네, 드디어 당신을 만났네요. 테아나우에서부터 자전거길을 따라 여기까지 왔어요. 당신을 만나고 책방을 구경하고 싶었거든요. 그런데 여기, 개들이 너무 많네요."

뒤돌아보니 손님은 네 명뿐이었는데 세 마리나 되는 개들이 신나게 뛰어다니고 있었다.

"우리 책방에는 언제나 개들이 놀러 온답니다. 지금은 세 마리밖에 없어요"라고 말하는 순간 책방 안에서 네 번째 개가 어슬렁거리며 나왔다. 빗물이 고인 물통에서 물을 한참 마시더니 햇볕 아래 길게 늘어졌다.

"아이고!" 약간 충격을 받은 듯한 목소리였다. "네 마리나 있잖아요!"

"모두 순한 친구들이에요. 주인이랑 여기 자주 온답니다. 인사해보실래요?"

"아뇨, 아뇨! 안 그래도 돼요. 그냥 개들이 다 갈 때까지 기다릴게요."

"그럼 안으로 들어오세요. 차나 커피 한잔하시겠어요?" 내가 권했다.

"저랑 같이 걸어가시죠. 그러면 괜찮을 거예요."

우리는 천천히 도로를 건너 책방 쪽으로 걸어갔다. 이 여성은 개한테서 최대한 떨어져 걷는 데 온 신경을 쓰고 있었다. 책방에 가까이 가자 큰 래브라도 한 마리가 느릿느릿 다가왔다. 내가 늘 간식을 주던 녀석이었다.

"레이디가 오네요. 아주 순해요. 그냥 간식 먹고 싶어서 온 거예요. 책방에 자주 온답니다. 책을 읽을 수 있다면 날마다 왔을걸요."

여성은 희미하게 미소를 지었지만, 경계심을 풀지 않고 레이디에게서 눈을 떼지 않았다. 레이디는 내 발 앞에 앉아 참을성 있게 간식을 기다리고 있었다.

"레이디는 당신처럼 아주 우아한 여성이랍니다. 인사해보시겠어요? 성함이 어떻게 되시죠?"

"개가 제 이름에 관심이나 있겠어요? 그건 말도 안 되죠."

"레이디는 분명히 인사하고 싶을 거예요. 게다가 제가 자전거 타고 온 여자분이라고만 소개할 수는 없잖아요."

잠시 망설이더니 작은 목소리로 말했다.

"저는 앤Anne이에요. e로 끝나지요."

절로 웃음이 나왔다. 하긴 이름의 철자를 정확히 적는 건 중요한 일이었다.

나는 쪼그려 앉아 레이디에게 간식을 주었다. 레이디는 우아하게 내 손에서 간식을 받아먹었다.

"레이디, 이분은 앤이야. e로 끝나지. 앤, 여긴 레이디예요, y로 끝나죠."

레이디는 앤을 쳐다보고는 일어나서 한 발짝 다가갔다. 앤이 그 자리에 얼어붙었다.

"괜찮아요, 앤. 레이디는 그냥 당신 냄새를 맡아보고 인사하고 싶어 하는 거예요."

나는 앤의 손을 잡고, 함께 레이디의 머리에 조심스레 손을 얹었다.

"얼마나 부드러운지 느껴보세요. 그리고 이 멋진 귀 좀 보세요. 벨벳 같지 않나요? 레이디가 당신을 보고 있어요. 인사해주기를 기다리고 있는데요?"

"안녕, 레이디. 있잖아, 나는 개가 무서워. 제발 물지는 말아줘. 알겠지?"

우리가 목을 쓰다듬자, 레이디는 몸을 기댄 채 가만히 서 있었다. 내 손을 꽉 쥐고 있던 앤의 손에 점차 힘이 풀리는 것이 느껴졌다.

"안녕, 레이디." 이번에는 조금 더 자신 있는 목소리였다.

"내 이름은 앤이야. e로 끝나는 앤. 알았지?"

결국 앤은 책방에서 한 시간 넘게 머무르며 책을 둘러보았다. 앤은 반려동물을 키워본 적이 한 번도 없었고 항상 개를 무서워했다고 말했다.

"우리 아버지가 키우던 농장 개들은 전부 다 일하는 개들이었어요. 반려견이라기보다는 작업견이었죠. 안아주거나 쓰다듬지 않았어요."

앤이 계속 설명했다.

"멀리서 지켜보기만 했죠. 만지기는커녕 다가가는 것도 무서웠으니까요. 그런데 이제 내가 개를 만졌네요! 믿을 수가 없어요."

그때 리건이 코브와 함께 책방에 들어왔다. 코브는 책방에서 파트타임으로 일하는 책방지기 개다. 책방에 오는 사람들이 자기를 보러 온다고 생각한다. 코브가 곧장 나에게 다가왔다. 코브를 쓰다듬으며 앤에게 소개했다. "이쪽은 코브예요. 열다섯 살이고 책방에 오는 사람 모두를 사랑하지요."

코브가 조용히 다가와 앤의 다리에 몸을 기댔다. 앤은 '허억' 하고 입을 벌린 채 나를 쳐다보았다. 뭔가 말하고 싶은 듯했지만, 아무 소리도 내지 못했다.

나는 고개를 끄덕이며 말했다. "괜찮아요, 앤. 그냥 쓰다듬어 달라는 거예요." 앤이 쭈뼛쭈뼛 손을 뻗었다. 그리고 아주 조심스럽고 부드럽게 코브의 머리를 만졌다.

"안녕, 코브. 내 이름은 앤이야."

나는 앤이 이번에도 "e로 끝나는 앤이야"라고 말할 줄 알았다. 하지만 앤은 아무 말 없이 그저 코브의 머리를 부드럽게 쓰다듬고 있었다.

홈 크리크 보호구역의 엘리

마나포우리에서 동쪽으로 1킬로미터 정도 가면 '홈 크리크' 표지판을 볼 수 있다. 비포장도로를 따라 조금 내려가면 주차장이 나온다. 여기서부터 14헥타르 규모의 보호구역을 따라 산책로가 이어지며 그 옆으로는 굽이굽이 시냇물이 흐른다. 이 아름다운 산책로를 만든 사람은 미국에서 마나포우리로 이주해온 '에디스'라는 여성이다. 하지만 이 사실을 아는 사람은 거의 없다.

    에디스가 작고 귀여운 스프링어 스패니얼 강아지를 안고 내 첫 책방 45사우스앤드빌로우를 처음 찾아왔다. 강아지가 어찌나 작은지 겨우 얼굴만 보일 정도였다. 강아지의 이름은 '엘리'였다. 프랭클린 루스벨트 미국 전 대통령의 부인이자 유엔인권선언 초안을 이끈 인권운동가 엘리노어 루스벨트의 이름에서 따왔다고 했다. 엘리는 기운이 넘치고 고집도 셌지만, 한없이 사랑스럽고 충직한 아이였다.

엘리가 점점 커가자 에디스는 목줄 없이 마음껏 뛰어놀 수 있는 안전한 장소를 찾고 싶었다. 마침 방치된 홈 크리크 보호구역이 에디스의 눈에 띄었다. 찾아보니 이곳은 와이아우 재단의 소유였다. 재단 측에 연락해 이곳에 뉴질랜드 토착 식물을 심어도 되는지 문의했다. 다행히 관계자들이 에디스의 제안을 반겼다. 재단에서 자금을 지원해줄 수는 없었지만, 배양토를 제공하고 산책로를 조성하는 일은 도와줄 수 있었다. 그렇게 대규모 복원 프로젝트가 시작되었다.

몇 년에 걸쳐 에디스는 지역의 토종 식물 씨앗을 모아 시냇물 주변에 심었다. 잡초를 뽑고 산책로를 만들면서 투석풀과 카베지나무, 뉴질랜드 삼 등 수천 종의 식물을 심었다. 에디스는 이 모든 것을 자비로 해결했고 일 년에 한 번씩 '숲과 새' 협회 회원들의 도움을 받았다. 그렇게 에디스는 보호구역을 가꾸는 데 온 힘을 다 쏟았다.

에디스의 헌신 덕분에 방치되었던 보호구역이 새로이 태어났다. 엘리에게 자유롭게 뛰어놀 장소가 생긴 것이다. 1.6킬로미터 길이의 이 순환 산책로는 반려견과 함께하는 사람들이 즐겨 찾는 명소가 되었다. 홈 크리크 보호구역은 일반인에게도 개방돼 있으며 지역에서 가장 아름다운 산책로로 손꼽힌다.

엘리는 거의 평생을 홈 크리크에서 뛰어다니며 보냈다. 잡초만 무성했던 곳이 점차 울창한 나무로 바뀌어가는 모습을 지켜보았다. 마나포우리 사람들은 모두 엘리를 알고 있었다. 엘리는 길을 지나가며 만나는 사람마다 모두 인사를 했다. 가게에 처음 들어오는 낯선 손님까지 온몸을 흔들면서 반겼다. 에디스가 가족을 만나기 위해 보스턴으로 돌아갈 때면 한 달가량 우리가 엘리를 돌봤다. 엘리와 시간을 보내는 것은 정말 즐거웠다. 엘리가 우리 집 뒷마당에 엄청나게 큰 구멍을 파놓긴 했지만…. 뭐 괜찮았다. 구멍이 매일 깊어져 가긴 했어도 엘리가 땅 파는 것을 너무나 좋아했기 때문에 그냥 두기로 했다. 랜스가 어느 날 갑자기 말했다. "혹시 에디스한테 가는 땅굴을 파는 게 아닐까?" 그러다 엘리는 또 다른 취미를 찾아냈다. 바로 신문을 찢는 것이었다. 어쩌다 한 번씩 장난삼아 찢는 게 아니었다. 고도의 집중력과 정성이 있어야만 하는 일이었다.

    에디스가 엘리의 이름이 새겨진 도자기 그릇을 가지고 돌아왔다. 조카들이 만든 선물이었다. 엘리의 물건들이 점점 늘어났다. 이제는 엘리를 위한 차까지 생겼다. 엘리가 타고 내리기 쉽고 창밖으로 구경하기 편하도록 에디스가 차를 바꾼 것이다. 나는 문득 궁금해졌다. 에디스가 인버카길까지 차를 보러 가서 반짝거리는 새 차에 반려견 엘리가 올라타봐도 되는지 물어봤을 때 자동차 딜러는 무슨 생각을 했을까? 하긴 에디스는 엘리가 마음껏 뛰놀 공간을 만들기 위해 14헥타르의 보호구역에 수천 종의 식물을 심은 사람이 아닌가. 자신에게 소중한 것을 먼저 생각하는 것은 당연한 일이다.

엘리가 열네 살이 되던 해, 위에서 악성 종양이 발견됐다. 종양은 빠르게 전이됐다. 불과 2주 만에 수의사가 에디스에게 엘리를 안락사시키는 것이 좋겠다고 권했다. 테아나우에서 수의사와 간호사가 홈 크리크로 찾아왔다. 엘리는 자기가 가장 좋아하는 곳에서 편안히 잠들었다.

당시 에디스는 빗장뼈가 부러진 상태여서 랜스와 내가 손수레에 엘리를 실어 언덕 위로 데려갔다. 에디스가 엘리의 묘지로 미리 봐둔 곳이었다. 우리는 조용히 무덤을 파고 에디스의 사랑 엘리를 묻었다. 우리 세 명 모두 엘리와 작별 인사를 하는 것이 쉽지 않았다. 지금도 엘리의 행복한 미소가 눈앞에 생생하다.

우리의 친구 마이클이 엘리의 무덤을 알려주는 표지판을 만들어주었다. 그 표지판은 지금도 그 자리에서 엘리를 지키고 서 있다. 엘리와 에디스가 없었다면 홈 크리크의 완벽한 산책로는 존재하지 않았을 것이다. 이곳을 방문하는 사람들 대부분은 에디스와 엘리에 대해 알지 못한다. 하지만 나는 코브와 함께 이곳을 산책할 때마다 언덕을 바라보며 엘리를 떠올린다. 활기차고 애교가 많았던 스패니얼 엘리, 에디스가 마음속으로만 그려오던 꿈을 펼칠 수 있게 한 존재였다.

반려견 없이 홀로 있는 에디스 모습은 낯설었다. 마치 꼭 필요한 옷을 잃어버린 사람 같았으며 무척 외로워 보였다. 에디스가 다시 개를 입양하기로 했을 때 우리는 다행이다 싶었다. 이번엔 래브라도와 푸들의 믹스견인 래브라두들이었다. 이름은 똑

같이 '엘리'라고 지었다. 두 번째 엘리, 엘리 2호는 넬슨에서 태어났다. 입양이 결정되고 집으로 데려올 준비를 마쳤을 때는 코로나19로 첫 번째 봉쇄 정책이 시행된 지 2주가 지난 시점이었다. 엘리를 데려오려면 허가를 받아야 했다.

에디스는 먼저 경찰에 연락했으나 경찰이 다른 전화번호를 주었다. 담당자에게 연결되자 봉쇄 기간 동안 혼자 지내는 자신의 정신 건강을 위해 함께 지낼 반려동물이 절실히 필요하다고 차근차근 설명했다. 다행히 허가를 받았고 엘리가 더니든으로 이송될 수 있었다. 수신자로 지정된 친구가 더니든에서 엘리를 받아 발클루서까지 데려오는 한편 에디스는 이동 허가를 받아 그곳까지 가서 엘리를 데려왔다.

당시 우리 모두 코로나19로 제약받고 있었던지라 엘리 2호가 도착하고도 6주 동안이나 만나보지 못했다. "이 강아지가 없었다면 봉쇄의 고립감을 이겨내지 못했을 거야"라고 에디스는 말하곤 했다. 엘리 2호는 에디스의 삶에 더없이 잘 어울리는 완벽한 동반자였다.

에디스네 집은 우리 집과 아주 가까워 우린 서로 자주 찾아간다. 에디스네 거실은 두 벽면이 책장으로 채워져 있다. 그게 전부가 아니다. 책이 바닥에도, 테이블과 의자 위에도, 침대 옆에도 쌓여 있다. 에디스에게 선뜻 책을 추천하기란 쉽지 않다. 대부분 이런 답이 돌아온다. "아, 그 책이요? 이미 읽었어요."

에디스가 우리 책방에 들를 때면 엘리 2호는 도요타 하이브리드 트렁크에 편안히 앉아 있다. 짙은 갈색 눈으로 차창 밖을 가만히 바라보며 참을성 있게 엄마를 기다린다. 반려견이 자유롭게 뛰어놀 수 있도록 아름다운 공간을 빚어낸 보스턴 출신의 비범한 여성 에디스를 기다린다.

훈자 이야기
훈자, 오후의 도둑

일요일 오후, 잠시 짬이 났어요. 빨래도 마치고 집과 밴 청소도 다 끝냈지요. 드디어 소파에 누워 책을 읽을 여유가 생긴 거예요. 훈자는 하루 대부분을 나와 함께 보내지요. 지루해하면서도 내가 하는 모든 행동을 하나하나 지켜보아요. 커피를 마시려고 소파에서 일어서기 전까지 한참 동안 훈자가 사라졌다는 것을 알아차리지 못했어요.

집 안에도 앞마당에도 보이지 않았어요. 훈자가 혼자 마실 나갔다는 걸 깨달았지요. 예전에도 몇 번 이런 적이 있긴 했어요. 밖으로 나가 천천히 길을 따라 걸었어요. 내가 맞는 방향으로 가고 있길 바랐지요. "훈자! 훈자!" 최대한 차분하게 훈자를 불렀어요. 정신이 나간 엄마처럼 들리지 않게 하려고요.

 몇 분이 지났을까, 훈자가 나타났어요. 모퉁이를 휘돌아 꼬리를 높이 치켜든 채 자신감 넘치는 걸음으로 내게 다가왔지요. 입에 뭔가를 물고 있었어요. 그러더니 의기양양한 표정으로 내 발 앞에 물고 있던 것을 툭 떨구었어요.

 세상에나! 냉동 양고기 다리였어요!

 도대체 어디서 이걸 훔쳐왔는지 알 수가 없었어요. 하지만 어느 집에선가 일요일 가족 식사를 위해 내놓은 양고기가 사라져 황당해하는 모습이 눈앞에 그려졌지요. 도둑질에 상을 주는 셈이 될 테니 훈자에게 이 고기를 줄 수는 없었어요. 그렇다고 훈자가 물고 침을 질질 흘려놓은 것을 내가 먹을 수도 없었지요. 고민 끝에 나는 훈자 모르게 이 고기를 땅에 묻어버리기로 했어요.

 훈자를 집에 가둬놓고 밤 10시쯤 삽과 문제의 양고기를 챙겨 집을 나섰어요. 밴을 타고 오레티 해변으로 달렸지요. 그곳에서 흙길로 빠져 최종 목적지인 샌디 포인트로 향했어요. 처음 생각했던 것보다 두 배는 더 깊이 구멍을 팠어요. 양다리 한쪽이 순식간에 축축한 어둠 속으로 사라졌지요. 그 위에 흙을 덮고는 재빨리 밴에 올라타 집으로 돌아왔어요.

 집으로 돌아오니 훈자는 자기 침대에 몸을 웅크리고 세상 편안히 자고 있었어요. 내가 무슨 일을 했는지는 전혀 모른 채 꿈속에서 양고기 스테이크를 맛있게 먹고 있었겠지요.

우리 헤어지는 그날까지 영원히

내 책 『세상 끝 책방 이야기』에서 딜런과의 에피소드를 풀어낸 적이 있다. 딜런은 시를 좋아하고 취미로 오래된 영국 찻잔을 수집하는 소년으로 랜스와 함께 항해술을 공부하기도 했다.

처음 우리 책방에 들어섰을 때, 딜런의 나이는 겨우 열한 살이었다. '시'라고 적힌 책장을 보고 눈을 반짝이며 기쁨을 감추지 못했다. 조용히 책을 고른 다음 조심스럽게 한 장 한 장 넘겼다. 어린 나이에 '책'이라는 신비로운 세상에 푹 빠진 모습이었다. 지금도 그 모습이 기억에 선명하다.

딜런이 고른 책은 어린이를 위한 책이 아니었다. 바이런의 시집으로 기억한다. 무언가 의미가 담긴 책을 찾는 딜런에게서 내

어린 시절의 모습이 보였다. 딜런도 나처럼 글을 통해 세상을 배우고 싶어 했다.

딜런은 열세 살이 된 지금도 엄마와 함께 책방을 자주 찾는다. 책과 작가에 대해 나와 이야기를 나누거나, 자기가 쓰고 있는 글을 가져와 내게 보여준다. 또 책 제목이 마음에 들면 그 책을 사려고 책방으로 오곤 한다. 중세 시대를 배경으로 하는 책도 좋아해서 제목이 금박으로 새겨진 책들을 찬찬히 살펴보기도 한다.

딜런은 상상 속에서 책 속 등장인물이 처한 상황에 곧잘 자신을 투영한다. 『호빗』과 『로빈후드의 모험』도 좋아한다. 이 나이대 소년들이 대부분 그렇듯이 딜런도 현실 너머 모든 것이 가능한 상상 속의 세계로 빠져들 수 있는 책을 자주 읽는다. 딜런이 내게 이렇게 말한 적이 있다. "책이 없는 세상에서는 살 수 없을 것 같아요."

책방에서 이야기를 나누던 중 딜런네 가족이 반려견을 키운다는 것을 알게 되었다. '레이븐'과 '앤잭'이라는 반려견으로 딜런에게 소중한 친구들이었다. 앤잭은 생후 3개월 때 딜런의 가족이 되었다. 그날이 앤잭 데이|호주와 뉴질랜드에서 매년 4월 25일에 기념하는 국경일로 1차 세계대전 중 갈리폴리 전투에서 전사한 호주, 뉴질랜드 연합군을 추모하는 데서 시작됐다. 옮긴이|여서 이름을 '앤잭'이라고 지었다고 한다.

딜런은 이때 태어난 지 10개월밖에 되지 않았었다. 그때부터 딜런은 앤잭과 함께 세상을 알아가고 크고 작은 모험도 같이 하며 자랐다. 딜런이 유치원을 다닐 때 앤잭과 함께 자연 체험 학습에 간 적도 있다. 유치원 친구들 모두 즐거워했지만, 앤잭이 아이들을 지나치게 보호하려 해서 더 이상 같이 가지는 못했다.

앤잭이 여덟 살이 되던 해에 앤잭에게 친구가 필요하다고 딜런의 아버지는 판단했다. "우리 가족의 반려견이 두 마리가 되면 얼마나 좋겠어?" 그렇게 또 다른 반려견을 찾던 중 리버튼에서 독일셰퍼드 강아지 아홉 마리를 분양한다는 것을 알게 되었다. 온 가족이 차를 타고 두 시간을 달려 강아지를 보러 갔다.

보라색 목줄을 차고 있던 연한 색깔의 작은 암컷 강아지를 데려오기로 했다. 딜런의 여동생 올리비아는 그걸 보고 바이올렛이라고 부르고 싶어 했다. "독일셰퍼드의 이름이 바이올렛이면 조금 이상하지 않을까?"라는 아버지의 말에 가족 모두 동의하여 이름을 '레이븐'이라고 지었다('바이올렛'은 중간 이름으로 넣었다). 앤잭은 새로운 친구 레이븐을 정말 아꼈다. 항상 레이븐을 보호하려고 해서 가족 외에는 누구도 레이븐 가까이 갈 수 없었다. 함께 키우던 고양이도 예외는 아니었다. 레이븐 덕분에 앤잭이 다시 살아갈 이유를 찾은 듯했다.

레이븐은 이제 네 살이다. 앤잭과는 다르게 겁이 많지만 금방 흥분하고 힘이 넘치는 아이다. 다른 개들처럼 레이븐도 달리기와 헤엄치는 것을 좋아한다. 호숫가에 놀러 가면 레이븐은 멀리까지 헤엄쳐 가곤 한다. 부르는 소리가 들리지 않는 곳까지 가서는 마음껏 헤엄을 치고 놀다가 알아서 돌아온다. 가족들이 아무리 불러도 자기가 충분히 놀았다고 생각하기 전까지는 절대 돌아오지 않는다.

딜런은 레이븐을 꼭 껴안고 대화를 나누곤 한다. "앤잭은 레이븐처럼 '말'을 해주진 않아요." 딜런이 내게 말한 적이 있다.

이제 열네 살이 된 앤잭은 털이 많이 희어졌다. 엉덩이와 허리에 관절염이 생겨 움직임도 느려져 매일 약을 먹어야 한다. 은퇴한 노인처럼 하루 대부분을 자면서 보낸다. 딜런은 앤잭과 이별하는 것을 상상조차 하기 싫어한다. 딜런과 앤잭은 평생을 함께해왔다.

"앤잭이 없는 세상은 생각도 못 하겠어요." 딜런이 내게 말했다.

"레이븐도 앤잭이 보고 싶을 거야. 다른 반려견을 데려와야 할 수도 있겠지." 내가 답했다.

딜런의 어머니는 미소를 지으며 아들의 손을 꼭 잡았다.

"반려동물을 키우면 받아들여야 하는 일이죠. 애들이랑 미리 이야기했어요."

딜런의 어머니가 고개를 저으며 덧붙였다. "하지만 너무 힘든 일이에요."

딜런의 꿈은 작가가 되어 책을 내는 것이다. 나는 딜런이 꿈을 이룰 것이라 믿는다. 딜런은 책만이 줄 수 있는 특별한 감동을 어린 나이부터 경험하여 인생에 책이 얼마나 중요한지 잘 알고 있다. 마음속 깊은 곳에 담아둔 생각을 글로 써 내려가며 세상과 나눌 수 있을 것이다.

7월 초, 나의 첫 번째 북 투어를 위해 랜스와 함께 북쪽으로 향했다. 북 투어가 한 달간 잡혀 있어 차 안에는 짐이 한가득 실려 있었다. 우리 집 정원에는 아침마다 100여 마리의 참새, 던녹새, 핀치가 밥을 먹으러 오곤 한다. 우리가 집을 비우는 동안 비키와 스티브, 그리고 데스가 이 친구들을 돌봐주기로 했다.

랜스가 차를 몰고 가는 동안 나는 무릎 위에 노트북을 올려놓고 글을 쓰고 있었다. 차멀미하기 전까지는 항상 이렇게 글을 쓰려고 한다. 출발하기 전에 새로 온 이메일을 열어놓았다. 딜런에게서 온 메일도 있었다.

루스에게

며칠 전에 앤잭을 병원에 데려갔어요. 엄마가 이상한 혹을 발견했거든요. 병원에서 혹을 제거할 수 있다고 했는데 앤잭이 힘들어할까 봐 수술은 안 하기로 했어요. 암일 수도 있다고 하는데 확실하지는 않대요. 그냥 소식을 알려드리고 싶었어요. 앤잭을 위해 쓴 시 한 편도 같이 보내드려요. 짧지만 진심을 담았어요. 루스 마음에 들면 좋겠어요.

우리 헤어지는 그 날까지 영원히

세월이 가며 너도 느려졌구나, 친구야
점점 지치고 감각은 무뎌졌지

늘 나를 지켜줘서 고마워, 친구야
너의 사랑에 고개 숙여 감사할게

이젠 털빛마저 회색으로 바랬지만 끝까지 함께할게
우리 헤어지는 그 날까지 영원히

언젠가 다시 만날 거야
곧, 어쩌면 아주 먼 훗날에

우리는 한눈에 알아볼 수 있을 거야
가슴 깊은 사랑은 바래지 않을 테니
너에 대한 사랑은 변하지 않을 거야
우리 헤어지는 그 날까지 영원히

널 절대로 잊지 않을게
너의 표정도, 짖는 소리도, 울음소리도 잊지 않을 거야
우리 헤어지는 그 날까지 영원히

널 마음 깊이 간직할게
사랑해, 친구야. 우리 헤어지는 그 날까지 영원히

딜런

가만히 딜런의 시를 읽는 동안 절로 눈물이 났다. 딜런은 앤잭과 함께 마지막을 보내고 있다. 둘의 추억은 딜런의 기억 속에 평생 남을 것이다.

나와 랜스가 북 투어로 집을 떠나 있던 2022년 7월 20일, 앤잭은 편안히 눈을 감았다.

피파 이야기

나는 스프링어 스패니얼이 수영을 매우 잘한다고 늘 믿어왔다. 하지만 피파는 이런 생각을 와장창 무너뜨렸다.

   혹시 내가 잘못 알고 있는 건 아닐까 싶어 인터넷으로 검색까지 해봤다.

   잉글리쉬 스프링어 스패니얼은 에너지와 지구력, 지능을 겸비한 사랑스러운 새 사냥개다.

   분명 피파도 그렇다.

   야외 활동에 적합한 체력과 단단한 몸을 가졌다. 체고는 약 48~51센티미터고 몸무게는 18~23킬로그램에 달한다. 색상과 무늬가 다양한 이중 털

과 길고 우아한 귀가 특징이다. 순하고 믿음직한 눈망울은 잉글리쉬 스프링어 스패니얼의 대표적인 상징이다.

　이것도 맞다.

　스프링어 스패니얼은 넓은 보폭으로 부드럽게 걸어 다닌다.

　그래, 피파도 딱 그렇다.

　누군가 항상 같이 있어야 하며 혼자 두면 심히 우울해한다.

　정확하다.

　순하고 아이들이나 다른 동물들과도 잘 지낸다.

　역시 맞다.

　긴 산책과 던지고 주워 오는 놀이를 무척 좋아한다.

　맞다.

　수영을 매우 좋아한다.

　전혀 아님!

　피파는 얕은 물에서 첨벙거리는 것은 좋아한다. 하지만 깊은 곳으로는 절대 들어가지 않는다. 강아지일 때 안 좋은 경험이 있었던 것 같다.

　알바와 나는 16년 동안 친구로 지내왔다. 그 시절 우리 회사 '피오르드랜드 생태 휴양'은 뉴질랜드 최고의 생태 관광 업체였다. 우리 보트 브레이크시걸호는 출항 몇 달 전에 이미 예약이 끝날 정도로 인기가 많았다. 랜스와 나는 일 년 중 11개월을 숨 돌릴 틈도 없이 일만 했다. 집안일을 도와줄 가사 도우미가 절실히 필요했다!

그때 알바가 떠올랐다. 알바의 집으로 찾아가 일주일에 몇 시간 동안 집안일을 도와줄 수 있는지 물었다. 회사 일도 조금 도움 받고 싶었다.

"나는 우리 집 청소도 안 해요!" 알바가 웃으며 말했다. "나도 다시 일하고 있거든요. 집안일은 피터가 다 해요. 피터한테 물어보는 건 어때요?"

알바의 남편 피터는 은퇴 후 집에서 시간을 보내고 있었다. 그날도 식탁에서 신문을 읽는 중이었다. 피터는 기꺼이 내 제안을 받아들였다. "당장 내일부터 시작할까요?"

피터는 열다섯 살부터 서비스 업종에서 일했다. 처음에는 런던에 있는 사보이 호텔에서 홀 보조로 시작했다. 신발을 닦고 직원 유니폼을 다리고 손님이 맡긴 빨랫감을 관리했다. 식당 테이블도 치웠다. 그렇게 열심히 일해서 열여덟 살에는 와인 담당까지 승진했다.

이런 경력을 생각하면 피터야말로 나에게 완벽한 가사 도우미였다. 다음날 우리 집 앞에 주차한 피터는 트렁크에서 깃털 먼지떨이와 '특별한' 청소용품 한 꾸러미를 꺼냈다. 얼마 지나지 않아 우리 집은 반짝반짝 빛이 났다. 옷은 칼같이 다림질되었고 집 앞까지 싹 치워졌다. 집에 돌아오면 꽃이 가득 담긴 화사한 꽃병이 나를 반겨주었다.

사무실 일이 바쁠 때는 피터도 도왔다. 승객이 사용한 침구류는 정리하고 깨끗한 침구류를 배에 실었다. 가게에서 물건을 받아왔고 상자와 짐도 날랐다. 승객의 탑승을 돕는 것은 물론 하루도 빠짐없이 내 커피까지 챙겨주었다. 무엇보다 감동이 밀려왔던 순간은 손수 구운 글루텐프리 빵과 알바가 직접 만든 잼을 들고 나타났을 때였다. 랜스가 바다에 나가 있을 때는 내가 괜찮은지 종종 들러 확인했다. 피터는 얼굴 가득 미소를 띠고 늘 나를 도와주었다.

몇 년 뒤 피터가 세상을 떠났을 때 나는 큰 충격을 받았다. 알바는 완전히 무너져 깊은 슬픔에 빠져 지냈다. 하지만 강한 여성이었기에 다시 일어나 어깨를 펴고 묵묵히 삶을 이어갔다.

알바는 원래도 솜씨 좋은 정원사였지만 이제는 대가라 불릴 만한 경지에 이르렀다. 정원에서 손수 가꾼 채소로 식탁을 차렸고 많은 친구에게도 나누어주었다. 마멀레이드, 잼, 피클을 직접 만들어 우리의 찬장을 채워주었다. 맛있는 레몬 폴렌타 케이크나 머핀까지 들고 찾아오기도 했다. 이때 알바가 엄청난 독서광이라는 사실을 알았다. 알바는 매일 몇 시간씩 시간을 내어 책을 읽었다. 그 시간만큼은 피터 생각을 하지 않을 수 있었기 때문이다.

피터가 세상을 떠나고 난 뒤 알바는 몇 년간 혼자서 지냈다. 그러던 어느 날, 반려견 한 마리를 들이기로 했다. 친구가 스패니얼 강아지 한 마리를 입양할 사람을 찾고 있었다. 강아지를 사냥개로 훈련시키려 했는데 오리 사냥에 영 소질이 없었다고 했다. "일단 몇 주 동안 같이 지내보고 결정하려고요." 알바가 내게 말했다. 피파는 이런 알바의 마음을 며칠 만에 사로잡았다. 순하고 믿음직한 눈빛으로 행복한 미소를 짓는 피파는 '나

예쁘지요? 안아줘요!'라는 표정으로 알바의 마음을 사르르 녹였다. 알바와 피파는 그렇게 완벽한 한 팀이 되었다.

마나포우리에 사는 여느 개처럼 피파도 호수를 좋아했다. 하지만 파도와 깊은 물은 무서워하는 게 분명했다. 얕은 물에서 텀벙텀벙 노는 것을 좋아했지만 더 깊은 곳으로는 절대 들어가지 않았다. 알바와 나는 같이 나가 코브와 피파를 함께 산책시키곤 했다. 코브는 수영을 매우 좋아해 호수로 늘 뛰어들었다. 그럴 때마다 피파는 나뭇가지를 물고 헤엄쳐 오는 코브를 지켜보며 뺏을 준비를 한 채로 하염없이 기다리기만 했다.

하루는 알바가 허리를 다쳐 나 혼자 코브와 피파를 데리고 아침 산책을 하게 되었다. 우리는 서플라이 베이 로드를 따라 자전거 트레일로 가는 코스를 좋아했다. 자전거 코스지만 반려견과 함께 걷거나 달리기에도 적당한 곳이다. 피파는 앞장서서 달려 나가 숲속으로 사라지곤 했다. 그러다가 다시 나타나서 우리가 잘 따라오고 있는지 확인하고는 또다시 사라졌다. 반면에 나이가 든 코브는 느릿한 걸음으로 내 옆을 따라 천천히 걸었다. 가끔은 흥분한 피파가 무언가를 쫓으며 날카롭게 짖어대는 소리가 들렸다. 그럴 때면 곧 사슴이나 주머니쥐가 숲에서 튀어나오곤 했다. 피파는 아무리 큰 동물이라도 일단 쫓고 봤다.

어느 날 아침, 코브와 함께 천천히 걷던 중 멀리서 요란하게 짖어대는 소리가 들려왔다. 피파였다. 갑자기 울음소리가 확연히 달라졌다. 뭔가 심상치 않았다. 코브와 함께 빽빽한 수풀을 헤치고 들어갔다. 하지만 피파의 소리가 더 이상 들려오지 않았다. 다행히 코브는 어디로 가야 하는지 아는 것 같았다. 나는 앞장서 가는 코브를 조마조마한 마음으로 따라갔다.

그러다 깨개갱 소리가 어디선가 들려왔다. 덤부렁듬쑥한 수풀을 마구 헤치며 나아갔다. 코브는 이미 저 멀리 달려가고 있었다. 도착해보니 코브가 피파의 얼굴을 핥아주고 있었다. 다행히 피파가 심하게 다치지는 않은 것 같았다. 그렇다면 무슨 일이었을까? 피파는 몸이 비틀린 채 엉거주춤하게 버티고 있었다. 뒷발 한쪽이 땅에 닿지 않았다. 도와주려고 옆에 쪼그려 앉자 무슨 일인지 알 수 있었다. 피파의 꼬리가 작은 나무에 엉켜 있던 것이다. 두 나무 사이를 껑충 뛰어넘으려다가 꼬리가 나무에 걸린 것 같았다.

피파의 긴 꼬리털이 나뭇가지 사이에 단단히 얽혀서 나무 기둥에 붙은 채 꼼짝도 하지 못했다. 엉킨 꼬리털을 다 풀어야만 피파를 빼낼 수 있었다. 오른쪽 뒷다리는 엉킨 꼬리 때문에 이상한 각도로 앙가조촘 들려 있었다.

코브가 피파 옆에 앉아 달래주듯이 조심조심 피파의 얼굴을 핥았고 다행히 피파가 긴장을 조금 푼 것 같았다. 그러고 나서야 꼬인 털을 풀 수 있었다. 5분은 족히 걸렸다. 엉켜 있던 나뭇가지를 부러뜨리고 힘을 줘서 나무 사이에 공간을 만들었다. 그 틈으로 어떻게든 피파를 드는 데 성공했다. 다행히 꼬리가 부러지지는 않았지만, 멍은 심하게 들었을 것이다.

나중에야 스패니얼은 부상 방지를 위해 꼬리를 자르기도 한다고 친구에게 들었다. 사냥 중에 수풀에 들어가는 일이 많기 때문이다.

   알바에게 피파를 데려다주었다. 피파가 크게 다치지 않은 것에 알바가 고마워했고 옆에서 피파는 아무 일도 없었다는 듯이 짐짓 태연했다. 그냥 늘 하던 아침 산책 중에 잠깐 재미있는 일이 있었을 뿐이라고 말하는 것만 같았다.

   알바는 이제 나만을 위한 '책 리뷰어'가 되었다. 내 침대 옆에 쌓여 있는 책을 다 읽을 시간이 부족할 때면 알바에게 한 권 가져가서 대신 좀 읽어달라고 부탁한다. "이미 읽어야 할 책이 네 권이나 있어요"라고 말하지만 나는 알고 있다. 알바가 바로 이렇게 덧붙이리라는 것을. "오! 이 책 재밌어 보이네…."

(내가 제일 좋아하는)
알바의 레몬 폴렌타 케이크

재료

무염 버터 175g

황설탕 175g

아몬드 가루 125g

달걀 2개

레몬 1개(껍질과 즙)

폴렌타 가루 75g

글루텐프리 밀가루 50g

베이킹파우더 0.5작은술

아몬드 슬라이스 2큰술

글레이즈

레몬 1개(껍질과 즙)

황설탕 50g

만드는 법

① 오븐을 180℃로 예열한다.

② 20cm 케이크 틀에 기름을 바르고 유산지를 깐다.

③ 버터와 설탕을 섞어 부드럽게 만든 후, 아몬드 가루, 달걀, 레몬 껍질과 즙을 넣어 잘 섞는다.

④ 밀가루와 베이킹파우더를 넣고 살살 섞은 후 틀에 붓고 아몬드 슬라이스를 뿌린다.

⑤ 30분간(젓가락을 찔렀을 때 아무것도 묻어나지 않을 때까지) 오븐에서 굽는다.

⑥ 그동안 레몬 껍질과 즙에 황설탕을 넣고 가열하며 잘 녹여 글레이즈를 만든다.

⑦ 글레이즈가 아직 따뜻할 때 케이크 위에 뿌린다.

버티와의 줌 미팅

버티 이야기를 듣고 싶었다. 하지만 버티는 북섬 타우랑가에 살고 있어 찾아가기가 어려웠기에 대신 버티의 주인 리즈와 줌 미팅을 잡았다.

리즈는 버티를 무릎에 앉힌 채 부엌에 앉아 있었다. 버티는 매우 편안해 보였다. 주인 무릎 위에 앉는 것에 이미 도가 튼 모습이었다. 화면 속에서 버티와 눈이 마주쳤다. 버티는 깜짝 놀란 듯이 계속 귀를 쫑긋 세우고 있었다.

리즈는 어머니의 날에 딸이 선물해준 『세상 끝 책방 이야기』를 읽고 '자그마한 책방 둘'에 찾아왔다. 딸이 활동하는 작은 온라인 독서 모임에서 이 책을 추천했다고 한다.

리즈는 캠퍼밴을 타고 남섬 여행을 하며 책을 다 읽었다.

"루스, 당신이 마나포우리 호수를 가로질러 유람선을 몰던 이야기에 완전히 몰입해서 책을 읽었어요. 꼭 한번 만나고 싶었지요."

리즈는 마나포우리에 두 번 방문한 적이 있었다.

"피오르드랜드 여행을 결정하자마자 롭에게 마나포우리에 꼭 들러서 며칠 묵어야 한다고 신신당부했어요. 겨울이 막 시작되었을 때라 책방 문을 닫는다는 걸 알고는 있었어요. 그래도 서점 밖에 있는 종을 울리면 루스 당신이 나와본다고 책에 쓰여 있던 걸 기억했죠. 밀퍼드 사운드도 가려고 했는데 버티와 함께라서 못 갔어요. 국립공원에 강아지를 데려갈 수가 없어 마나포우리 캠핑장에서 머물렀지요."

리즈는 홈스트리트로 가서 책방을 직접 보고 싶다고 롭에게 말했다. 하지만 책방에 도착했을 때 롭은 간판을 읽더니 너무나 당연한 말을 했다. "닫혀 있는데?" 리즈는 책에서 본 내용을 말해주며 종을 흔들었다.

"그래서 종을 치니깐 정말로 루스 당신이 나와서 우릴 맞이해준 게 아니겠어요!"

서로 인사를 나누고 이런저런 이야기를 나눴다. 반려견 버티에서 시작해 버티와 함께한 여행에 대해 한창 이야기하는 중에 코브가 책방 이곳저곳을 기웃거리며 다른 손님들은 어디로 갔는지 한참을 찾고 있었다. 책방이 문을 닫는 시즌이 되면 코브의 일상은 완전히 달라진다. "아니, 재밌는 일은 다 어디 간 거야?"라고 말하는 것만 같다. 리즈는 다가오는 여름에 마나포우리에 한 번 더 방문해서 책방이 열린 모습을 보고 싶어 했다.

나는 이 책에 버티의 이야기도 추가하기로 했다. 버티도 마나포우리까지 여행을 와서 우리 책방에 들렀으니 책에 나올 만하다. 그래서 이렇게 버티와 줌 미팅을 하고 있다!

"버티는 어떤 견종이죠? 어떻게 가족이 되었을까요?"

"버티는 오스트레일리언 테리어|호주산 소형 테리어 견종. 영리하고 활발한 성격으로 반려견으로 인기가 많다. 옮긴이|예요. 네 살이 됐죠. 우리가 키운 두 번째 테리어랍니다. 첫 번째 테리어 박스터는 열세 살에 암으로 세상을 떠났어요. 그러고 3주 뒤에 버티를 데려왔지요. 반려견 없이는 더 이상 못 버티겠더군요. 버티가 막 왔을 때는 제 손에 쏙 들어올 정도로 작았어요."

리즈는 박스터가 떠난 뒤 며칠을 슬픔 속에 보냈다. 정신 차려보니 한밤중에 트레이드미에서 강아지를 검색하고 있었다고 고백했다. "그러면 안 되는 걸 알았죠. 그런데 저도 모르게 검색창에 '테리어'라고 쳤어요. 그러자 짜잔! 버티가 나온 거예요."

다만 한 가지 문제가 있었다. 당시 리즈와 롭이 북극 여행 중이었기에 그 아이를 만나러 갈 수가 없었다. "그래도 꼭 그 강아지여야만 했어요." 리즈가 말했다.

"혹시 강아지가 이미 입양된 건지 바로 물어봤어요. 다행히도 아직이라는 답변을 받았죠. 그래서 혹시 강아지가 어디 아픈 건 아닌지 물어봤는데 그런 건 아니라고 했어요. 바로 이 강아지를 데려갈 거라고 주인에게 알렸어요. 그러자 주인은 예약금이 필요하다고 말하며 와서 한번 보라고 했죠."

 강아지를 보러 가는 것은 쉽지 않았다. 리즈는 자기가 지금 북극에 있다고 말하면 주인이 이상하게 생각할 것만 같았다. "어디로 가면 되는지 물었는데 앰벌리라고 하더군요. 크라이스트처치 바로 옆이죠. 다행이었어요. 우리 딸이 근처에 살고 있었거든요. 딸에게 대신 가서 봐달라고 부탁했어요."

 그렇게 버티를 데려오기로 결정했다. 리즈와 롭이 여행을 끝내고 집으로 돌아오는 날에 맞추어 버티도 타우랑가로 왔다.

 "버티는 너무 사랑스러운 강아지였어요. 눈이 마주치면 꼭 안아줄 수밖에 없었죠." 그때를 회상하며 애틋한 눈빛으로 리즈가 말했다. 영락없이 다정한 엄마의 모습이었다.

 "그런데 왜 오스트레일리언 테리어를 고른 거예요?" 내가 물었다.

 "아주 예전에 스와질랜드에서 살 때 '재스민'이라는 래브라도 한 마리를 키웠어요. 당시에 스와질랜드에 광견병이 유행이었지요. 그래서 뉴질랜드로 이주하려고 할 때 재스민을 데려올 수가 없었답니다."

 재스민이 뉴질랜드로 오려면 12개월이라는 완전 격리기간을 가져야 했다. 광견병 발생국인 스와질랜드에서는 뉴질랜드로 바로 들어올 수가 없어서 광견병 안전국인 영국에서 먼저 격리하고 이후에 뉴질랜드로 들어와 다시 격리해야 했다. 너무나 복잡한 일이었다. 뉴질랜드로 이주한 리즈와 롭은 다시 반려견을 들일 생각이 없었다. 하지만 어느 날 롭이 무심코 반려동물

가게에 들어가게 되었고 그곳에서 오스트레일리언 테리어 한 마리를 만났다. "이 견종에 대해서는 우리 둘 다 아무것도 몰랐어요. 한참을 찾아보니 1920년부터 인정받은 견종이더라고요. 호주에서 소와 양을 몰던 사람들이 캠프에서 쥐를 잡으려고 데려왔대요. 토끼도 잘 잡았다네요."

리즈는 버티를 쓰다듬으며 말했다. "버티 귀 위에 긴 털이 자라는데, 이걸 안 다듬으면 암컷 강아지처럼 보여요. 액세서리처럼 들고 다니는 그런 핸드백 강아지 같기도 하죠. 이렇게 작아 보여도 아주 야무진데 말이에요."

리즈와 롭은 항상 버티를 데리고 여행을 다닌다. "버티는 사람을 정말 좋아해요. 우리가 옆에 있기만 하면 어디로 여행을 가든 상관이 없지요. 자동차도 오토바이도 캠핑카도 잘 탄답니다. 심지어 '캠핑카'라는 말도 알아들어요. 버티는 캠핑카에서 우리 침대 사이에 있는 푹신한 쿠션에서 잠들죠. 집 차고에 있는 침대보다 훨씬 좋답니다."

리즈는 자전거 바구니에 버티를 태우고 다닌다고 했다. "버티가 뛰어내릴까 봐 걱정된 적은 없나요?" 내가 물었다.

"버티가 작은 가슴줄을 하고 있어서 괜찮아요. 빨간 끈으로 고정되어 있어서 떨어질 일은 없어요. 바구니에 타면 신나서 계속 캉캉 짖는답니다." 리즈가 설명했다.

이렇게 소리로 의사 표현을 하는 개가 있는가 하면, 눈빛과 귀, 꼬리를 움직여 표현하는 개도 있다. 이런 이야기를 나누다가 항상 수다스러운 훈자 이야기도 해주었다.

"훈자는 차에 타면 조용히 있질 않았어요. 한번은 도저히 참을 수가 없어서 트렁크로 훈자 자리를 옮겼지요. 혹시나 숨 쉬는 게 힘들까 봐 걱정되긴 했어요. 그래서 랜스가 같이 트렁크로 넘어가서 마나포우리를 한 바퀴 도는 동안 훈자가 괜찮은지 확인했지요."

"알고 보니 훈자가 트렁크를 엄청나게 좋아하지 뭐예요. 그 뒤로는 항상 트렁크로 뛰어 들어가 편하게 자리를 잡았어요. 어떨 때는 우리가 트렁크를 열어줘도 자기 자리에서 움직이지 않고 그대로 가만히 앉아 있었지요. 특히 주변에 고양이라도 있으면 '안전한' 트렁크에 계속 있으려고 했어요."

리즈는 자전거 바구니에 버티를 태우고 가다가 사고가 난 적이 한 번 있었다.

"무척 가파른 길이었어요. 코너를 돌면서 브레이크를 잡아 속도를 줄였는데 중심을 잃고 넘어지고 말았어요. 다행히 버티는 괜찮았어요." 리즈가 설명했다.

"버티를 자전거에 태우고 갈 때는 보통 도로보다는 자전거 트레일로 많이 간답니다. 버티가 자전거 트레일에서는 바구니 밖으로 나와 달릴 수 있거든요. 보통은 40킬로미터 정도 자전거를 타는데 그중 2, 3킬로미터 정도는 버티가 내려서 같이 달려요. 내버려 두면 40킬로미터를 다 달릴지도 몰라요. 속도가 시속 15~20킬로미터는 된답니다."

우리는 리즈가 전에 키우던 박스터에 대해서도 잠깐 이야기했다.

"반려동물을 키울 때 가장 안 좋은 점은 우리보다 수명이 짧다는 거예요. 반려동물이 세상을 떠날 때 우리 가슴은 찢어지죠." 내가 말했다. "언젠가는 우리와 함께하지 못한다는 것을 알고는 있지만 막상 그 시간이 오면 무너지고 말아요. 다른 사람들과 이야기해보아도 그 두려움은 어마어마하다고 해요."

훈자의 죽음에 관해서 이야기를 꺼냈다. 훈자가 갑자기 혈뇨를 보았고 병원에 가보았지만 딱히 방법이 없었다. 훈자를 그렇게 일찍 떠나보내야만 했다는 사실이 아직도 믿기지 않는다. 대략 28년 전의 일이다. 지금도 길을 가다 독일셰퍼드를 볼 때면 나도 모르게 나지막한 소리로 읊조려본다. "훈자…."

"반려견을 키우는 건 깊은 우정과 끝까지 함께하는 헌신이 필요한 일이지요." 내가 말하자 리즈도 고개를 끄덕였다.

"반려견은 어떻게 우리 인생의 순간순간마다 그토록 깊이 자리하는 걸까요? 무슨 일이 있어도 항상 우리를 용서해주죠. 영원한 친구인 거예요." 내가 이렇게 덧붙이자 리즈가 답했다.

"반대로 고양이는 더 독립적이고 쉽게 마음을 주지 않죠. 버티는 우리와 항상 함께해요. 저와 롭을 같은 무리라고 생각하는 거 같아요. 개는 이렇게 무리 지어 다니는 걸 좋아하지만 고양이는 보통 혼자 다니죠."

"버티의 새끼를 볼 수는 없다고 했죠?" 내가 화제를 돌렸다.

"새끼를 보면 좋을 텐데 입양할 때 중성화 수술을 하는 조건이 있었어요."

"뉴질랜드에 오스트레일리언 테리어가 많이 있나요?"

"가끔은 볼 수 있는데 그리 많지는 않아요. 걸음걸이가 아주 독특하죠. 통통 튄다고 할까요? 그래서 멀리서도 알아볼 수 있어요. 여기 사람들은 대부분 복슬복슬한 흰색이나 회색 개를 키우죠. 버티는 녹슨 듯한 갈색이라 눈에 확 띄어요. 모두가 알아보지요."

이제 줌 미팅을 마칠 시간이었다.

"다음 피오르드랜드 여행에서 밀퍼드 사운드를 가보고 싶으면 우리가 버티를 맡아드릴게요."

"세상에, 이렇게 고마울 수가…."

"리건이 몇 주간 배를 타고 나갈 때면 우리가 코브를 대신 봐준답니다. 랜스와 나는 모두 개를 사랑해서 같이 지내는 건 전혀 문제가 되지 않아요. 최근에도 그레이시라는 검정 래브라도 한 마리를 하루 동안 맡은 적이 있어요. 주인이 밀퍼드 사운드에 다녀왔거든요. 그때 코브도 여기 있었는데 그레이시를 쳐다보지도 않았답니다. 코브가 세상을 떠날 때까지는 다른 반려견을 들일 생각은 없어요. 코브가 열다섯 살이라 이제 점점 느릿느릿해지고 있지요. 우리 집에 있을 때는 항상 내 침대 바로 옆에서 바닥에 누워 자고 있어요."

리즈가 웃음을 터트렸다. "신기하죠. 안 그래요? 항상 개들이 원하는 대로 흘러간다니까요. 반려견 주인에게 왜 잠을 못 자는지, 자다가도 왜 세 번씩은 깨는지 물어보면 반려견이 같은 방에서 잔다고 해요. 심지어 같은 침대에서 자기도 하죠."

"여름에 또 볼 수 있을까요, 리즈? 그때는 책방이 열려 있을 거예요."

"그럼요. 꼭 다시 만나요, 우리. 또 캠핑카를 타고 여행하면 버티가 아주 좋아할 거예요. 앞자리에 앉아서 풍경을 바라보는 것을 무척 좋아하지요. 바닥이나 뒷자리에 앉혀 보려고 했는데 앞자리에서 내 무릎 위에 앉겠다고만 해요."(결국 모든 것은 개가 원하는 대로 하게 된다!)

"마치기 전에 말할 게 있어요. 혹시 닉 트라우트의 『개와 함께, 다시 Dog Gone, Back Soon』를 읽어봤나요? 이건 꼭 읽어야 해요. 사람은 60미터 밖에서 나는 소리를 들을 수 있지만 개는 무려 240미터 밖에서 나는 소리까지 들을 수 있다고 책에 나와요. 정말 놀랍지 않아요?"

줌 미팅을 마칠 시간이 되었다. 버티는 졸지도 않고 여전히 리즈 무릎 위에 앉아 지루해하는 기색 하나 없이 똘망똘망한 눈으로 신나는 일이 벌어지기만을 기다리고 있다.

훈자 이야기

훈자와 여인의 몸을 한 소녀

나는 가끔 현장 청소년 복지사 시절, 내가 기록했던 자료를 들여다봐요. 그럴 때면 나도 모르게 눈물이 나지요.

K. (마오리) 15세, 이혼 가정, 입양아
R. 14세, 이혼 가정, 자살 시도
M. 18세, 이혼 가정, 입양아, 마리화나
P. (마오리) 17세, 이혼 가정, 갱단 일원
S. 14세, 약물 흡입, 갱단 수습 일원
A. (마오리) 18세, 이혼 가정, 갱단 일원, 약물 흡입

이 자료에는 150명이 넘는 아이들이 있어요. 나이는 조금씩 다르지만 그들의 사연은 놀랍도록 닮아 있어요. 가장 어린아이는 고작 열두 살이었어요.

나는 이 아이들 모두와 약속했어요. "누군가의 생명이 위험하거나 성적, 정신적, 신체적 학대가 발생하지 않는 한 경찰한테 너희 정보를 넘기지 않을게." 위험천만한 줄타기를 하고 있었지요. 경찰이나 복지 기관이 정보를 요구하더라도 내겐 비밀을 지키는 것이 제일 중요한 원칙이었어요. 내가 정보를 넘겨준다면 거리의 아이들이 더 이상 나를 신뢰하지 않을 거라고 생각했거든요.

평소처럼 거리를 순찰하던 중에 짙은 색 머리의 열두 살 소녀를 보았어요. 아이는 낮은 벽돌담에 앉아 고개를 깊숙이 떨군 채 두 팔로 몸을 꼭 감싸며 웅크리고 있었어요. 청바지에 낡은 재킷 차림이었지요. 밴을 세우고 훈자와 함께 아이에게 다가갔어요. 소녀 옆에 앉자 훈자는 아이의 팔 아래로 코를 들이밀고 킁킁거렸어요. 나는 아무 말 없이 지켜만 보았지요. 아이가 팔을 풀고 훈자를 쓰다듬었어요. "안녕, 훈자."

훈자가 꼬리를 천천히 흔들며 소녀를 바라보았어요. 어룽어룽 눈물이 고인 눈으로 소녀가 훈자의 눈을 가만히 들여다보더니 이내 눈물을 흘리기 시작했어요. 몸을 기울여 훈자를 끌어안은 채 흐득흐득 흐느끼기만 했지요. 훈자는 마치 아이의 슬픔을 고스란히 받아들이기라도 하듯 조용히 그 자리에 가만있었어요. 소녀의 울음이 그치길 기다려 내가 물었어요.

"밴에 타는 건 어떨까? 훈자랑 같이 뒷자리에 앉으면 돼."

소녀는 망설이지 않고 일어나 훈자와 함께 밴으로 걸어갔어요. 뒷자리로 올라 훈자 바로 옆에 바짝 앉았지요.

나머지 기록은 다음과 같아요.

케이티에 대해서는 따로 자세한 기록을 남길 생각이 없었다. 하지만 최근에 자주 만나게 되면서 기록의 필요성을 느낀다. 케이티가 드디어 훈자뿐만 아니라 나에게도 마음을 열었다. 기록을 남겨도 괜찮은지 케이티에게 물었다. 이 일이 법정까지 갈 수 있다고 판단했기 때문이다. 케이티의 삼촌이 '호의'의 대가로 돈을 건네기 시작하면서 엄마와 갈등상태가 계속됐다. 삼촌은 케이티의 몸을 만졌고 직접적인 성관계는 아직 없었다. 하지만 케이티는 그런 일이 일어날까 봐 무서워하고 있다. 엄마에게 말했지만, 엄마는 케이티의 말을 믿지 않고 있다. 케이티는 열두 살 나이에 비해 성장이 빠른 편이라 남자아이들이 늘 쫓아다닌다. 케이티는 아이들이 만지거나 더듬어도 그냥 내버려 둔다. 대가로 돈을 받기도 한다. '내 삼촌이 만지는 게 괜찮다는데 다른 사람이 만지지 말란 법이 있나요?'

이건 경찰에 신고해야 한다고 생각했기에 자세히 기록을 남겼어요. 케이티는 막 열세 번째 생일을 보냈어요. 성숙한 여인의 몸을 한 열세 살 소녀였지요. 청소년 담당 경찰에게 이 사건을 말하는 것이 좋겠다고 케이티에게 말해보았어요. 나와 가까운 사이라 걱정할 필요가 없다고 덧붙였지요. 케이티가 마지못해 동의했어요. 하지만 엄마나 삼촌이 곤란해지는 것은 바라지 않는다고 했지요. 학대받는 어린아이들이 자주 보이는 반응이에요. 이런 아이들은 학대받는 것을 털어놓길 주저하지요. 가족이라는 울타리를 무너뜨리게 될까 봐 두렵기 때문이에요. 그렇게 커가면서 이 아이들은 분노에 휩싸이며 폭력적인 성향을 보이게 돼요. 아니면 반대로 위축되거나 불안해하고 자살 충동까지 느끼게 되지요.

다행히 케이티는 경찰에게 말하는 데 동의했어요.

이 사건은 법원으로 넘어갔고 삼촌은 감옥에 수감되었어요. 케이티는 위탁 가정으로 보내졌습니다. 평온하고 웃음이 넘치는 가족이었지요.

그 후로도 계속 케이티를 만나러 갔어요. 하지만 케이티는 언제나 훈자를 가장 먼저 반겼지요.

"안녕, 훈자. 잘 지냈어?" 케이티와 훈자는 나란히 앉아 함께 있는 것만으로도 행복해했어요.

댄시스 패스에서 보낸 일요일

마이클을 마지막으로 본 것은 벌써 오래전 일이다. 그땐 우리 둘 다 흰머리도 없었고 주름살도 거의 없었다. 문 앞에 서 있는 마이클을 보자마자 내스비와 랜펄리에서 보낸 학창 시절의 추억이 물밀듯이 밀려왔다. 마이클의 미소는 여전했다. 큰 키에 꼿꼿한 자세와 부드러운 눈빛도 변함이 없었다. 머리만 하얗게 변했을 뿐 내가 알던 마이클 그대로였다. 비록 책방에서 마이클을 만난 것은 아니지만, 반려견을 키우는 것도 모라자 내 책을 읽어준 소중한 친구다. 어떻게 이 책에서 마이클 이야기를 빼놓을 수 있겠는가?

　마이클이 온다는 것은 그의 여동생 샤론의 전화로 알고 있었다. 마이클은 마나포우리에서 몇 킬로미터 떨어진 농장에서 지내는 샤론을 만나러 왔다. 둘 다 내 책을 읽었고 마이클이 그동안 밀린 이야기를 나누고 싶어 했다. 마이클은 오아마루에서 세 마리의 반려견과 함께 차를 타고 왔다.

    마이클과 나는 1958년 내스비에서 학교를 같이 다녔다. 당시 우리는 열두 살이었다. 우리 두 가족 모두 내스비로 막 이사를 온 참이었다. 마이클의 부모님은 카이번 디깅스에 있는 댄시스 패스 호텔을 사들였다.

    학교는 매우 작아 교실이 두 개밖에 없었다. 겨울이 되면 교실 한가운데 놓인 낡은 배불뚝이 나무 난로가 우리를 따뜻하게 해주었다. 나는 걸어서 등교했지만 마이클과 샤론은 댄시스 패스 로드에 사는 다른 친구들과 함께 매일 아침 8시에 내스비 택시를 타고 학교로 왔다. 비포장도로를 16킬로미터나 달려오는데 겨울이면 눈이 쌓이고 길이 얼어붙어 매우 위험했다.

    6개월이 지나 마이클과 나는 초등학교를 졸업하고 랜펄리고등학교로 입학했다. 랜펄리고등학교는 내스비에서 반대쪽으로 14킬로미터를 더 가야 했다. 우리는 선생님이 직접 모는 낡은 베드포드 스쿨버스를 타고 다녔다. 마이클은 속이 깊고 말수가 적은 시골 소년이었다. 몇몇 여자아이들이 마이클에게 관심을 보였지만 마이클이 여자 친구를 사귀는 것은 한 번도 보지 못했다.

    마이클의 부모님이 호텔을 인수했을 당시에 호텔 주변은 매우 한적했다. 주변 농장에서 일하는 사람들만 드문드문 오갈 뿐이었다. 손님이 너무 없어 장사가 안되다 보니 마이클의 아버지 프레드는 부업으로 도로 정비까지 하며 생계를 이어갔다. 삽으로 흙을 퍼내고 도랑을 치우는 일도 마다하지 않았다.

당시 일요일에는 술집에서 술을 판매하는 게 불법이었다. 그래서 많은 사람이 일요일이 되면 술을 판매하는 호텔로 향했다. 덕분에 마니오토토 전역의 많은 호텔이 유지될 수 있었다. 일요일은 다른 사람들과 어울리는 날이었다. 우리 부모님도 일요일 점심을 먹고 나서 항상 말끔하게 차려입고 댄시스 패스 호텔로 향하곤 했다. 나와 질 언니도 가장 예쁜 옷을 골라 입고는 아빠가 모는 작은 정육점 밴에 올라탔다.

호텔에 찾아오는 농부들은 대부분 아이를 데려왔다. 어른들이 술집에 앉아 이야기를 나누고 술을 마시며 노래 부르는 동안 아이들은 금광 주변에서 신나게 뛰어놀았다. 15미터는 족히 될 가파른 흙더미를 오르내렸고 바위를 빙 둘러 달리기 시합도 했다. 함께 달려들어 엄청나게 큰 구멍을 파기도 하면서 정말 재밌는 시간을 보냈다. 나는 언제나 일요일이 오기를 기다렸다.

마이클의 아버지는 언덕 꼭대기에 손잡이를 돌려야 작동하는 낡은 전화기 한 대를 설치하곤 호텔 주점까지 전화선을 연결해놓았다. 호텔 서쪽의 도로가 보이는 곳에는 마이클이 항상 대기를 하고 있었다. 오아마루에서 음주 단속반이 오는지 감시하는 것이 마이클의 임무였다. 반대쪽 울타리에도 전화기가 한 대 더 있어서 더니든 방향의 피그 루트도 감시할 수 있었다. 단속반이 댄시스 패스를 거쳐 내스비와 와이파타에 있는 호텔로 가기 때문에 주인들은 재빨리 다음 호텔에 전화를 돌려 미리 경고했다. 이런 상황에서 경찰이 왜 그토록 음주 단속에 열을 올렸는지 지금도 모르겠다.

마이클은 커서 농장에서 일하고 싶다고 항상 말했다. 영어 담당 알렉산드라 선생님의 제안으로 마이클이 양치기 개를 훈련하는 법에 대해 에세이를 쓴 적도 있다. 마이클은 이미 열 살에 양치기 개들을 다뤘고 지역 시합에 나간 적도 있다. 당시 최연소 출전자였다.

마이클은 열일곱 살에 학교를 떠났다. 글랜시에서 고지대 목장을 운영하는 이든 호어 밑에서 양치기 개 다섯 마리와 함께 몇 년간 일했다. 호어는 1970년대부터 고급 여성복을 수집하여 전 세계적인 이목을 끌었다. 당시 우리는 그 누구도 호어가 패션에 진짜로 관심이 있다고는 생각하지 않았다. 세상과 동떨어진 곳에서 그저 관광객을 모으고 사람들과 이야기를 나누고 싶어서 벌인 일이라고 생각했다. 그러나 현재 그가 수집한 260여 점의 드레스는 그 시대의 뉴질랜드 패션을 잘 보여주는 최대 규모의 컬렉션으로 평가받고 있다.

본격적으로 소나 양을 모는 시기가 오면 마이클은 항상 여덟아홉 마리의 양치기 개들과 한 팀으로 움직인다. 짐을 잔뜩 실은 노새 한 무리까지 데리고 1200미터 높이의 버스터산을 넘는다. 다른 가축 몰이꾼들보다 며칠 더 먼저 출발해 그들이 지낼 오두막을 준비하는 것이다. 몰이꾼들이 농장에서 일을 끝내고 다음 농장으로 향할 때 '수고비'를 더 받기도 해서 마이클은 종종 여드레치의 주급을 받았다. 마이클은 일을 끝내면 밤새 이동하여 다음 날 푸짐한 아침을 먹고 일찍 일을 시작하곤 했다.

1970년 마이클은 여동생의 친구인 로빈과 결혼했다. 그 후 북섬으로 가서 2년 동안 가축 관리 책임자로 일했다. 북섬의 땅은 남섬보다 훨씬 비옥해서 기존에 마이클이 해온 농장 일과는 다를 수밖에 없었다. 마이클은 센트럴 오타고로 돌아가고 싶어 했다. 마침 댄시스 패스 동쪽에 농장 하나가 매물로 나왔고 마이클과 로빈이 모은 돈으로 계약금을 치를 수 있었다.

시간이 흘러 마이클이 아버지 호텔의 대지를 일부 사들였다. 센트럴 오타고 지역의 옛날 호텔들은 지나가는 가축 몰이꾼들을 위해 방목장과 마구간도 갖추고 있었다. 몰이꾼들이 댄시스 패스를 많이 거쳐갔고 마이클의 아버지는 호텔과 인접한 405헥타르 규모의 땅을 몰이꾼을 위한 방목장으로 사용했다.

호텔 옆 방목장을 사들이면서 마이클은 댄시스 패스 양쪽에 모두 농장을 소유하게 됐다. 두 농장이 19킬로미터 떨어져 있긴 했지만, 농장 두 곳을 운영하며 수익을 낼 수 있었다.

마이클과 로빈 사이에는 라이언과 레베카라는 두 자녀가 있었다. 마이클은 농장 일과 육아로 항상 바쁘게 지냈다. 아들 라이언이 자신처럼 농장에서 일하기를 바랐지만, 라이언은 비행기를 몰고 싶어 했다. 결국 어린 나이에 상업용 비행기 조종 면허를 따서 차를 몰기도 전에 비행기를 조종했다.

하지만 비극은 예고 없이 찾아왔다. 라이언은 어스파이어링산 국립공원의 캐스케이드강에서 흰살 치어 나르는 일을 했다.

1997년 11월 어느 날 라이언이 웨스트 멜튼으로 화물을 운송하러 출발한 뒤 돌아오지 않았다는 소식을 받았다. 수색이 몇 주 동안 이어졌지만, 끝내 발견할 수는 없었다. 라이언과 함께 사라진 비행기의 행방은 아직까지도 밝혀지지 않고 있다.

일흔여섯의 마이클이 트럭을 주차하고 나와 짐칸에 반려견이 잘 있는지 확인했다. 사냥개 듀크와 양치기견 조지, 제스는 튼튼하게 고정된 이동장 안에서도 행복해 보였다. 마이클이 돌아서서 내게 걸어왔다. 사실 마이클은 반려견을 네 마리 키우고 있는데, 플린이 다리를 다쳐 집에서 쉬고 있었다. 플린의 치료에는 지금까지 4000달러가 들었다고 했다.

마이클은 지금도 양 120마리를 키우며 일을 손에서 놓지 않고 있다. 그 외에도 농장 일을 하는 친구들을 돕기도 한다. 농장 일에는 항상 숙련된 인부와 양치기 개가 필요하기 마련이다.

몇 시간 동안 추억을 나누었다. 마지막으로 본 게 아주 오래 전이라 쌓인 이야기가 너무 많았다. 마이클이 다시 샤론의 농장으로 돌아가기 전에 나의 사진사 그레이엄 데인티를 불렀다. 마이클의 개가 일하는 모습을 찍고 싶었다.

마이클이 부드러운 목소리로 "말해"라고 하자 다섯 살 듀크는 고개를 들더니 하늘을 보고 신이 나서 컹컹 짖어댔다.

조지와 제스는 마이클 옆에 가까이 붙어 양 떼가 지나가는 것을 유심히 바라보았다. 날카로운 눈빛으로 언제든 뛰어들 준비를 한 채 마이클의 명령을 기다리고 있었다.

마이클의 솜씨는 전혀 녹슬지 않았고 반려견에 대한 사랑도 여전했다.

나의 오랜 학창 시절 친구 마이클 모이니한은 2022년 12월 22일 목요일에 세상을 떠났다. 다정한 눈빛으로 늘 조용히 미소 짓던 마이클, 마음 깊숙이 상실감이 밀려왔다. 너와 너의 동생 샤론, 너의 사랑스러운 반려견들과 특별한 시간을 보낼 수 있어 기뻤어, 마이클.

훈자 이야기
훈자, 경비견이 되다

인버카길에서 정신없이 바쁜 아흐레를 보내고 밴을 몰아 마나포우리 집으로 향했어요. 늘 그렇듯이 내 곁엔 훈자가 있었지요. 랜스가 항해에서 돌아오기 하루 전 내가 먼저 집에 닿을 거예요. 우리는 닷새 동안 함께 지내다 각자의 일터로 돌아갈 예정이에요.

자정이 조금 지나 창밖에서 큰 소리가 들렸어요. 최소 다섯 명은 되는 듯했고 어눌한 소리로 봐선 모두 거나하게 취한 거 같았어요. 훈자는 이미 잔뜩 긴장한 채, 두 귀를 쫑긋 세우고 내가 일어나길 기다리고 있었어요. 가운을 걸치고 밖으로 나갔지요. 훈자는 경비견처럼 심각한 눈빛으로 내 옆을 지켰어요.

"안녕하세요. 무슨 일이시죠?"

"물이 좀 필요해서요. 수도꼭지를 못 찾겠어요."

물이 왜 필요한지 굳이 묻지는 않고 그냥 수도꼭지가 어디 있는지만 알려주었어요. 남자들의 시선이 내 옆에 있는 훈자에게 집중됐지요. 훈자도 마치 누가 위협이 될지 가늠하듯 그들을 훑어보고 있었어요. 훈자가 옆에 있어서 정말 다행이었지요. 그 남자들의 행동을 하나하나 뚫어져라 쳐다보고 있는 훈자가 참 믿음직스러웠거든요. 남자들은 캔맥주를 마시며 시끄럽게 이야기하고 있었어요. 그중 한 명이 물통에 물을 채웠지요. 길 건너편에는 낡은 자동차 한 대가 서 있었어요. 아마도 라디에이터에 물을 채워야 했나 봐요.

그런데 갑자기 한 명이 다 마신 맥주캔을 길 건너로 던졌어요. 그 순간 훈자가 벌떡 일어나 냅다 뛰어나갔어요. 캔을 향해 전속력으로 달렸지요. 캔을 물어 들고선 꼬리를 흔들며 당당히 걸어와 그 남자 앞에 턱 하니 내려놓았어요. 남자들 모두 웃음보가 터졌고 나는 얼굴이 화끈거렸어요. 쥐구멍에라도 들어가고 싶은 마음이었지요. 고작 맥주캔 하나로 내 듬직한 '경비견'이 한순간에 '침입자들'의 친구가 돼버린 거예요.

"잘했어, 친구." 한 명이 말했어요. "물 고마워요."

남자들은 이 말을 남기고 조용히 사라졌답니다.

콜로라도 집시 존슨과 사랑의 선물

사라는 파트너 할런과 두 살배기 강아지 집시와 함께 테아나우에서 살고 있다. 친구들에게 우리 책방 이야기를 들은 사라는 언젠가는 꼭 책방에 방문하리라 마음먹었다. 책을 워낙 좋아하기도 하지만 본인이 편집자이기도 했다.

빨간 폭스바겐 비틀이 자그마한 책방 앞에 멈추어 섰다. 밝은 에너지가 흘러넘치는 사라가 장난기 어린 미소를 띤 채 경쾌한 걸음으로 다가왔다. 만난 지 몇 분도 안 돼 우리는 책 이야기에 빠져들었다. 사라는 '좋은' 책을 찾고 있다고 했다.

영어와 문예창작을 공부한 사라는 케임브리지대학교에서 신학 석사 학위를 받았다. 사라의 관심사는 광범위했다. 종교철

학과 종교심리학부터 세계 종교들의 과학적 배경과 역사 및 윤리, 그리고 유대인 홀로코스트에 대한 신학적 해석까지 그야말로 다양했다.

석사과정을 마친 뒤, 사라는 케임브리지 대학에서 문예창작 학위를 목표로 공부를 계속했다. 공부하는 것 자체를 좋아하고 배우고 탐구하는 과정에서 더욱 빛이 나는 사람인지라 문예창작이 끝이 아닐 수도 있다! 사라의 목표는 책을 출간하여 작가가 되는 것이다. 사라가 지금까지 걸어온 길을 보면 반드시 이루어 낼 것이라 믿어 의심치 않는다.

사라는 2004년에 처음으로 뉴질랜드에 왔다. 학교를 마친 후 일 년 동안 쉬면서 여행을 다니는 중이었다. 뉴질랜드에서 3개월을 머물렀다. 영국으로 돌아가서 석사 학위를 받고 런던에서 회계사로 근무했지만 마음속으로는 언제나 뉴질랜드로 돌아가길 꿈꾸었다. 2011년 마침내 뉴질랜드로 온 사라는 이듬해 스키 시즌에 맞춰 퀸스타운에 자리 잡았다. 그곳에서 회계사로 일하며 2014년에 영주권도 신청했다. 그 무렵 사라는 파트너 할런을 만났다. 할런은 겨울에는 퀸스타운 스키장을 오가는 버스를 운전했고 여름에는 밀퍼드 사운드에서 카약 가이드로 일했다. 사라와 할런은 모두 피오르드랜드의 장엄한 풍경에 푹 빠져 있었고 자연스레 그곳에 정착하게 됐다.

지금 와서 고백해보자면 나는 사라와, 사라가 지금까지 이루어낸 일에 조금은 압도됐을지도 모르겠다. 어떤 책을 추천해 주어야 하지? 사라가 가져가서 소중히 간직할 만한 책이 우리 책방에 있긴 할까? 그러다 책 한 권이 떠올랐다. 바로 이거다! 에드먼드 드 발의 회고록『호박눈의 산토끼』다. 이 책은 유대인의 정체성 상실, 반유대주의, 디아스포라와 추방의 역사를 상세히 설명해준다. 그뿐만 아니라 마음을 사로잡는 아름다운 이야기와 흥미진진한 내용으로 책을 내려놓을 수 없게 만든다. 홀로코스트에 관해 공부한 사람에게 추천할 수 있는 최고의 책이다.

　6개월 정도 지났을까. 사라가 책을 돌려주러 왔다. 내 선택이 정확했다. 추천할 책을 한 권 더 준비했다. M. L 스테드먼의『바다 사이 등대』로 바다만큼이나 깊은 사랑 이야기다. 사라가 좋아할 것 같았다. 이번에도 책값을 받지 않고 빌려주었고, 사라도 기쁘게 받아들였다. 나는 손님들에게 딱 맞는 책을 골라주는 것을 좋아한다. 내게는 소소한 행복을 주는 일종의 작은 도전이라고 할까? 어떤 책은 돌려받지 않기도 한다. 다른 사람에게 선물로 줄 수도 있는 것이다. 그렇게 내 책은 자신에게 딱 맞는 주인을 찾아간다.

　우리 책방에는 휴가 기간 읽을 만한 책만 모아둔 코너가 따로 있다. 저렴한 가격의 문고판 소설책이 대부분이다. 이 책을 단골손님에게 빌려주기도 한다. 이들은 일주일에 책 한 권씩은 꼭 읽는다. 그리고 책방에 놓인 뉴질랜드 시각장애인 지원단체를 위한 모금함에 동전을 넣는 것도 잊지 않는다. 이렇게 해마다 600달러 정도의 기부금이 모인다.

　몇 달 뒤 사라가 책을 돌려주러 왔다. "책이 정말 좋았어요. 이번에는 책을 꼭 살 거예요!" 델리아 오언스의『가재가 노래하는 곳』을 추천했다. 베스트셀러이자 굿리즈 어워드 수상작으로 영화로도 제작된 작품이다.

한동안 사라를 만나지 못했다. 그러던 중 퀸스타운 작가 축제에 연사로 초청을 받아 내 책을 소개할 기회가 생겼다. 책 소개를 준비하면서 뜻밖의 사실을 알게 됐다. 나의 인터뷰 담당자가 사라였다! 인터뷰 준비를 위해 나를 찾아온 사라가 놀라운 소식을 전했다. "저, 강아지 들였어요!"

그 강아지가 바로 집시, 사라의 첫 반려견이었다. 사라는 늘 반려견을 키우고 싶어 했다. 함께 살 집을 구한 뒤, 할런이 마당에 울타리를 쳤고 사라는 유기견을 알아보았다. 그런데 친구의 친구가 키우던 스패니얼 래브라도 믹스견이 콜리의 새끼를 가졌다는 소식을 들었다. 친구는 새끼가 태어나면 사라에게 한 마리를 보내겠다고 했다. 사라는 하얀 발에 갈색 눈썹을 가진 검정 암컷 강아지를 택했다. '콜로라도' 줄여서 '콜리'라고 이름을 짓고 싶었지만, 이 자그맣고 사랑스러운 아이에게는 '집시'라는 이름이 더 어울렸다. 명색이 케임브리지 졸업생인데 더 그럴싸한 이름을 지어줘야겠다는 생각에 '콜로라도 집시 존슨'으로 정한 뒤, 줄여서 '집시'라고 불렀다.

사라는 신이 나서 집시를 데리러 갔다. 집시는 생후 7주밖에 안 된 상황이었다. 집으로 오는 차 안에서 집시가 갑자기 울부짖기 시작했다. 계속 짖어대자 사라는 마음이 아팠다. 결국 길가에 차를 멈추고 나란히 앉아 같이 울고 말았다. 사라가 마음속에 그려왔던 집시와의 첫 만남은 이런 게 아니었다.

다행히 집시는 새로운 집에 금방 적응했다. 그런데 그다음 주에 갑자기 코로나19로 인한 봉쇄가 시작됐다. 원래는 집시를 위한 멋진 집을 사서 마당에서 기를 생각이었다. 하지만 당시 많은 반려견처럼 집시도 마당이 아니라 주인의 침대 발치에서 같이 잠들었다.

사라는 봉쇄 기간 동안 집시를 강아지 학교에 보낼 수가 없었다. 다른 강아지들과 만나서 노는 것도 불가능했다. 그렇게 많은 것을 배워야 하는 중요한 시기에 집시는 아무것도 배우지 못했다. 새로 강아지를 맞이한 사라와 할런도 마찬가지였다.

그러다 사라가 '퍼피 젠'이라는 곳을 찾아냈다. 마크 베트가 운영하는 온라인 강아지 학교로 처음 강아지를 들인 사람을 위해 필요한 정보를 알려주는 곳이다. 페이스북 그룹도 운영하여 큰 도움을 줬다. 사라는 퍼피 젠에 가입했고 이전의 열정적인 학생으로 돌아가 퍼피 젠이 제공하는 모든 훈련법을 특유의 집중력으로 빠르게 익혀 나갔다. 눈 마주침의 중요성과 음식 앞에서 기다리게 하는 법부터 코로나19가 강아지에 미치는 영향까지 정말 많은 내용이 담겨 있었다.

사라와 할런은 집시의 사회성을 기르기 위해 열과 성을 다했다. 봉쇄 기간 동안 같이 지내는 두 친구와 함께 스키복장 등 여러 종류의 옷을 입고 집시와 놀아주어, 집시가 다양한 복장에 익숙해질 수 있게 했다. 번갈아 가며 산책하러 나가 집시에게 세상을 보여주었다. 사라는 페이스북 페이지에 자주 참여하여 집시가 커감에 따라 생기는 여러 문제에 대해 다른 회원들과 이야기를 나누었다. 다른 회원들 몇몇도 봉쇄로 인해 힘든 시간을 보내고 있었기에 서로에게 큰 도움이 됐다.

이 시기에 사라는 프리랜서 편집자 겸 온라인 마케터로 일하고 있었다. 두 업무 모두 재택근무가 가능했다. 지금 와서 돌이켜 보면 봉쇄 기간을 이겨내는 데 집시의 도움이 컸다고 사라가 말했다. "집시가 놀아달라고 하면 일 하던 중에라도 어떻게든 시간을 냈죠. 집시 덕분에 무조건적인 사랑이 어떤 것인지 알게 되었어요." 집시는 반듯한 자세로 앉아 고개를 들어 그윽한 눈으로 사라를 바라보았다. "난 항상 네 곁에 있어. 너도 내 곁에 있어 줄 거지?" "물론이지."

집시는 사라의 인생에 전환점이 되었다.

"살면서 누군가와 관계를 맺으면 그게 평생 갈 거라고 믿죠. 하지만 보통은 그렇지 않잖아요. 그런데 반려견과는 평생 가는 사이가 되죠. 무슨 일이 있어도 반려견을 보살펴주어야 해요. 함께라면 어떤 일이든 견뎌낼 수 있죠." 사라가 한숨을 쉬며 말했다. "집시가 나를 찾는 것보다 내가 더 많이 집시를 필요로 해요. 내가 집시에게 주는 것보다 훨씬 더 많은 것을 받지요. 집시는 나를 완전히 믿고 있어요. 내가 무슨 말을 하든, 무슨 행동을 하든 집시는 그게 자기를 위한 거라고 꼭 믿어요. 차에 타라고, 옆에서 걸으라고 명령하면 주저하지 않고 바로 따르죠. 이건 무조건적인 믿음이에요. 5분만 두고 나갔다 와봐요. 들어오면 꼬리를 미친 듯이 흔들며 온몸으로 반가워하죠. 이토록 큰 사랑을 받는다는 것은 정말 말로 다 표현할 수 없어요."

최근에 사라는 하프 마라톤 훈련을 하고 있다. 집시는 페이스메이커로 훈련에 같이 참여한다. 집시는 10미터 앞에서 달리면서 사라가 따라오기를 기다린다. 집시 덕분에 사라가 매일 밖으로 나갈 수 있다. 사라와 할런은 집시를 데리고 캠핑, 산악자전거, 트레킹 등 많은 야외 활동을 즐긴다. 집시는 야외용 셔츠에 패딩 재킷, 그리고 전용 침낭까지 있다. 집시가 어릴 때는 사라가 배낭에 넣어 다녔다. 이제는 집시가 다 커서 자기 '가방'까지 메고 다닌다. 조끼 형태의 이 가방에는 작은 주머니가 여러 개 있어 간식과 물통 그리고 접이식 그릇까지 들어간다. 게다가 사라의 배낭과도 세트라 누가 봐도 커플룩으로 보인다.

할런은 나무 치료 전문가로 본인의 사무실을 운영한다. 할런이 종종 집시를 데리고 일하러 다니기 때문에 사라가 집시를 위해 안전 조끼도 만들어주었다. 집시는 감독관으로 일하며 하루에 1달러를 받는다.

사라와 할런은 '보이'라는 반려견을 키우는 친구네에 가끔 놀러 간다. 집시는 보이를 처음 만나자마자 사랑에 빠졌고 사라와 할런 모르게 보이를 만나러 가기 시작했다. 보이를 만나지 못하고 돌아오면 다음 날 다시 찾아갔다. 사라와 할런은 친구의 이야기를 듣고 나서야 집시가 집에서 몰래 빠져나와 혼자 보이를 찾아간다는 것을 알았다. 집시가 남자 친구의 단독 면회 권한을 가지고 있는 듯 아주 당당하게 찾아온다는 친구의 말에 그저 웃음이 나왔다.

하지만 집시의 일탈에 제동을 걸어야 할 필요가 있었다. 혼자 먼 거리를 다니는 것은 위험했기 때문이다. 여느 때처럼 집시가 보이를 만나러 몰래 나갔고, 사라와 할런이 현장을 급습했다. 집시는 보이네 집에서 주인을 만나자 자기가 무슨 잘못을 했는지 아는 눈치였다. 사라와 할런은 집에 돌아와 앞마당에서 밖으로 나갈 수 있는 구멍을 모두 막았다. 이렇게 집시의 비밀스러운 일탈은 끝이 났다. 집시도 조용히 마당에서만 지내면서 이 사실을 담담히 받아들였다.

안타깝게도 보이와 친구는 이사를 갔다. 그래도 여전히 많은 친구와 뛰놀며 지내는 집시, 그 표정이 분명히 말하고 있다. "나의 주인, 사라만 함께한다면야!"

훈자 이야기

훈자, 첫 책방지기 개

1989년에 현장 청소년 복지사를 그만두었어요. 훈자도 어쩔 수 없이 직장을 잃은 것이지요. 당시 나는 완전히 번 아웃 상태였어요. 랜스도 12년간 몰던 리나운호의 선장직을 내려놓았지요. 이제는 환경보전부 소속이 아니게 된 거예요. 환경보전부의 지침을 따르기에는 랜스의 성향이 너무 '친환경적'이었거든요.

  랜스는 항상 바다에 있을 때 가장 행복했어요. 방수 처리가 된 양모 선장 모자를 쓰고 있는 랜스는 그야말로 바다를 누비는 상남자였지요. 랜스는 환경보전부에서 일하면서 피오르드랜드의 바닷속 세계에 대한 과학 지식을 많이 쌓았어요. 피오르드랜드를 진심으로 사랑했거든요. 피오르드랜드 없이는 랜스의 삶을 설명할 수 없을 정도예요. 랜스는 피오르드랜드를 '자신만의 교회'라고 부르며 항상 지키려고 노력했지요.

우리가 힘을 합치면 환경 교육에 중점을 둔 유람선 사업을 충분히 시작할 수 있다는 것을 깨달았어요. 랜스는 이미 수년 동안 다이빙을 하며 여러 방면의 연구에 참여해왔지요. 이를 통해 물고기 떼가 점점 줄어들고 있다는 것을 알게 되었어요. 레저 및 상업 목적의 남획뿐만 아니라 대여 낚싯배가 빠르게 늘어났기 때문이었지요.

1985년 해양 과학자 켄 그래인지가 「뉴질랜드 남섬의 피오르드, 바다 생명의 보고 New Zealand's Southern Fiords: A Marine Wonderland」라는 제목의 논문을 발표했어요. 피오르드의 해저 생태계가 특별하다는 과학적 증거가 처음으로 나온 거예요. 바다 아래로는 가파른 바위 산맥이 피오르드 바닥에 닿을 때까지 이어지며, 깊이는 100미터에서 450미터에 이른다고 해요. 그리고 일 년 내내 비가 많이 와서 엄청난 양의 담수가 바다로 흘러 들어가게 돼요. 흘러 들어간 담수는 바닷물보다 밀도가 낮아 바닷물 위에 머물게 되고 담수에 포함된 토사와 유기물 등으로 인해 탁한 색을 띠어 햇빛을 차단하지요.

햇빛이 차단돼 생긴 어두운 환경 때문에 해수면 근처 수심 5~40미터 깊이에 매우 다양한 생명체가 사는 서식지가 생겼어요. 과학자들은 희귀한 심해 생물들이 해수면 근처에 살고 있다는 것을 발견했어요. 고대 완족류부터 심해 해면, 대형 관 말미잘, 펜촉 산호, 연산호, 검은 산호 군락, 그리고 50여 종이 넘는 물고기까지 실로 다양한 생물이 한데 모여 있지요. 마치 만화경 속 세계처럼 다채로운 색채의 향연을 만들어낸답니다.

하지만 이미 1978년에 공식적으로 피오르드랜드 국립공원에서 피오르드가 빠져 보호구역 조치도 해제된 상태였어요. 1985년 논문이 발표된 이후 과학자들은 이 특별한 생태계를 보호해야 한다는 것을 다시 깨달았지요.

랜스는 이 연구에 참여했고 이 지역의 보호를 적극적으로 주장했답니다. 그래서 우리는 바다 생태계 보호에 중점을 둔 특별한 요트 관광 사업을 시작하기로 했어요. 배에서 낚시하는 프로그램은 당연히 없었지요. 대신 환경보호 교육이 주가 되었어요. 사업에서 수익을 낸 뒤로는 이 지역의 과학 연구를 후원했지요. 그 어떤 경우에도 타협하지 않고 환경보호라는 원칙을 지켜냈어요.

우리 사업을 담당하는 회계사와 변호사는 랜스와 내가 미쳤다고 하며 고개를 절레절레 흔들었어요. "피오르드랜드에 오는 사람들은 누구나 낚시하고 싶어 하잖아요." 하지만 우리는 흔들리지 않았어요. 결국 그들도 우리 의견에 따랐지요. 우리는 이 사업이 분명히 성공할 거라고 굳게 믿었어요.

처음에는 25미터 크기의 에보헤호를 임대했어요. 나와 랜스

둘 다 몇 년 전에 환경단체인 어스트러스트Earth Trust가 주최하는 캠페인에 참여했을 때 이 배를 타본 적이 있었어요. 표류식 어망의 사용에 반대하는 캠페인이었지요. 랜스는 에보헤호라면 선박 검사에서 클래스 8 인증을 받을 수 있다는 것을 알고 있었어요. 그렇게 되면 뉴질랜드 연안뿐만 아니라 오클랜드제도, 캠벨섬, 앤티포디스제도 등 남극권에 인접한 곳까지 갈 수 있었어요. 그렇게 우리는 1995년에 '피오르드 생태 휴양'이라는 이름으로 사업을 시작했답니다.

우리 집의 안 쓰는 작은 방이 '사무실'이 됐어요. 이제 일곱 살이 된 훈자는 완전히 지루해했지요. 인버카길과 테아나우에서 청소년 복지사로 일하던 시절의 '다이내믹한' 나날은 안녕이었어요. 훈자가 그 시절을 그리워하는 게 보였어요. 모두의 관심과 사랑을 독차지하는 스타였으니 당연하지요. 훈자는 모두의 영웅이었는데 이제는 갑작스럽게 은퇴한 신세가 된 거예요.

훈자는 하루 두 번, 아침과 저녁의 긴 산책만이 유일한 운동이라는 걸 금방 알아차렸어요. 랜스는 며칠간 바다에 머무는 투어를 맡았고 나는 회사의 운영을 담당했어요. 당시에는 인터넷과 휴대전화가 나오기 전이라 팩스나 우편으로 업무를 처리했지요. 사업을 시작하고 일 년 정도 지나서야 첫 컴퓨터와 프린터를 들였답니다.

훈자는 손님들이 체크인하러 오는 날을 좋아했어요. 누군가

온다는 것은 더 많은 관심과 사랑을 받는다는 뜻이었으니까요. 가끔은 누군가와 진지하게 대화를 나누고 싶은 모습이었지요. 귀를 쫑긋 세우고 꼿꼿한 자세로 사람들 앞에 앉아 뚫어져라 바라보았어요. 그러면 누군가가 머리를 토닥이거나 귀를 조물조물 문질러주기도 했지요. 말을 걸어주는 사람도 있었어요. 그러면 훈자는 바로 반응을 보였어요. 고개를 갸웃거리며 입을 살짝 벌렸지요. 말을 계속 걸어주면 훈자가 벌떡 일어나서 자기만의 방식으로 말을 이어나갔어요.

나는 항상 우리 집 동물들에게 말을 걸어요. 보통 간단하게 한 두 마디면 되지요. "오늘은 어때?" 아니면 "뭐하고 지냈어?"라고 시작해요. 그런데 랜스가 며칠씩 집을 비우기 시작하면서 집에 훈자랑만 있는 때가 많아졌어요. 산책하고, 사무실에서 일하고 저녁을 먹는 게 반복되었지요. 그러면서 훈자와 점점 깊은 대화를 나누게 되었어요.

랜스와 나는 모든 것을 걸고 관광 사업에 뛰어들었어요. 가지고 있는 돈을 탈탈 긁어모았지요. 훈자의 사룟값과 병원비까지 한 푼도 빠짐없이 꼼꼼히 예산을 짜서 생활할 수밖에 없었어요. 수입을 조금이라도 늘리기 위해 우리 집과 벽을 맞대고 있는 손님용 공간을 게스트하우스로 운영했어요. 모든 시설을 다 갖추고 있었고 1박에 60달러였지요. 큰돈은 아니었지만, 생활비에 어느 정도 도움이 됐어요.

우리는 아침을 간단하게 해결했어요. 훈자의 식단도 간소해져서 곡물 시리얼이나 오트밀 죽을 먹었지요. 가끔은 토스트 한 조각도 곁들였어요. 저녁으로는 다진 채소에 그레이비소스를 얹어 먹었고 어떨 때는 그냥 밥이랑 달걀을 먹었어요. 훈자와 나는 매일 나란히 앉아 똑같은 음식을 먹고 이야기를 나누었지요. 랜스가 일이 끝나고 남은 음식을 가져오는 날에는 파티가 열렸어요. 과일, 채소, 빵부터 가끔은 고기도 있었지요. 나는 그때도 채식주의자여서 고기는 온전히 훈자 차지였어요. 참 행복한 날들이었지요.

훈자는 알아서 마나포우리를 돌아다니며 간식 주는 사람을 찾아다녔어요. 심지어 다른 집 고양이나 개 사료를 훔쳐 먹기도 했어요. 물론 나는 전혀 몰랐어요. 어느 날 길모퉁이 바로 옆집에 사는 사람이 찾아와 "당신네 개가 우리 집 강아지가 먹을 밥을 뺏어 먹고 있어요!"라고 말하기 전까지는 말이지요. 얼마나 부끄러웠는지 몰라요.

그날 밤 여느 때처럼 훈자와 나란히 앉아 있었어요. 훈자는 뭔가 잘못됐다는 것을 알아차린 눈치였어요. 내가 울고 있었거든요. 훈자의 눈도 슬퍼 보였어요. 귀를 납작하게 눕히고 조그만 소리로 낑낑거렸지요. 훈자에게 말했어요. "이제 항상 내 옆에 있어야 해. 너 혼자 돌아다니면 안 돼. 안 그러면 쭉 묶여 있어야 해." 살아가는 게 팍팍하고 힘들었지만, 함께 헤쳐가야 했어요.

훈자는 소중한 우리 가족이었으니까요. 훈자가 있어서 나는 무너지지 않고 제정신으로 버틸 수 있었어요. 아무리 진이 빠지는 날이어도 꼭 산책하러 나갔지요. 쉬지 않고 대화를 나누었고 훈자를 꼭 끌어안은 채 바닥에서 같이 잠들곤 했어요.

당시에는 침례교회에 다녔어요. 피터 애플턴 목사와 가까운 친구였지요. 피터가 우리를 위해 강아지 사료도 들어 있는 식료품 상자를 전달해준 적도 있었어요. 크리스마스처럼 신나는 날이었지요. 훈자도 그걸 아는지 꼬리를 마구 흔들며 껑충껑충 뛰었어요. 식료품 상자를 열면서 얼마나 맛있는 음식이 있는지 설명을 해주자, 신이 나서 컹컹 짖어대며 하울링까지 했어요.

일 년 정도 지나 우리는 작은 휴가용 집을 빌렸어요. 이곳을 피오르드랜드 생태 휴양의 공식적인 사무실로 썼지요. 나의 첫 번째 책방인 45사우스앤드빌로우가 시작된 곳이기도 해요. 100권도 안 되는 책으로 처음 책방을 열었지요.

그리하여 훈자는 첫 번째 책방지기 개가 되었답니다.

잘생긴 행크

행크를 처음 본 것은 내 책방 앞에서였다. 목줄을 찬 채로 고개를 꼿꼿이 들고 당당하게 지나가는 모습이 인상적이었다. 주인 크리스와 함께였다. 행크는 43킬로그램이나 나가는 덩치 큰 검은색 독일셰퍼드다. 나는 큰 소리로 크리스를 불러 행크와 인사하고 싶다고 했다. 행크는 거대한 발바닥을 들어 터벅터벅 걸어왔다. 그러더니 웃는 얼굴로 나를 바라보며 쓰다듬어주기를 기다렸다. 곧이어 나에게 온몸을 기대며 내 모든 관심을 독차지하고 싶어 했다.

    첫 만남 이후에 행크는 주인 크리스와 앤을 따라 자주 책방을 찾아왔다. 크리스와 앤에게 인사하기 전에 행크를 먼저 반겼다. 그들이 쓰다듬어달라고 내게 달려오지는 않으니 당연한 일이다.

행크는 세 살까지 다른 가족과 함께 살았다. 그 주인이 이혼하게 됐고 양측 모두 행크를 데려갈 수 없어서 결국 트레이드미에 올려서 무료로 분양했다. 2020년 8월의 일이었다. 당시 크리스와 앤은 키우던 열두 살 독일셰퍼드인 칩을 암으로 떠나보낸 후였다. 다른 반려견을 애타게 찾던 중에 행크를 발견했다. 하지만 크리스와 앤 말고도 행크를 입양하려는 사람들이 많았다. 행크의 원래 주인이 행크가 좋은 집으로 가길 바라는 마음에 사람들을 시험하듯이 꼼꼼하게 질문을 던졌다. 이 모든 과정을 거쳐 크리스와 앤은 최종 후보 두 가족에 들 수 있었다.

한 가족은 오전에, 다른 가족은 오후에 행크와 만나기로 했다. 주인은 행크를 계속 키우지는 못하지만 행크가 좋은 가족을 만날 수 있도록 최선을 다했다. 크리스와 앤은 데크에 앉아 행크가 마당에서 노는 것을 조용히 지켜보고 있었다. 그러던 중 아무도 시키지 않았는데 갑자기 행크가 크리스에게 다가오더니 크리스의 무릎에 머리를 툭 얹었다. 크리스와 앤이 행크를 쓰다듬었고 자연스레 같이 놀며 마음을 주었지만 그 순간까지도 자신들의 개가 될 거라는 보장은 없었다.

인버카길로 돌아가는 길에 휴대전화가 울렸다. 크리스는 좋은 소식일 거라 짐작하며 전화를 받았고 역시나 행크를 데려가도 된다는 이야기를 들었다. 환호를 질렀다.

"왜 우리를 고르셨나요?" 크리스가 물었다.

"내가 아니라 행크가 고른 거죠. 행크가 당신 무릎에 머리를 기댔잖아요." 주인이 답했다.

2주 후, 크리스와 앤은 행크를 집으로 데려왔다. 행크의 적응 기간이 시작된 것이다. 하지만 이틀 뒤에 크리스가 쓰러져 병원으로 실려갔다. 심장마비였다. 가족 모두에게 힘든 시간이었다. 크리스가 퇴원 후 집으로 돌아왔을 때는 행크가 새로운 집에 적응이 끝난 상태였다. 다행히 행크는 크리스를 잘 따랐다.

시골 분위기가 나는 동네에 산다는 것은 행크가 넓은 공간에서 뛰어놀 수 있다는 뜻이었다. 크리스가 일을 하느라 집을 비워도, 크리스의 가족은 행크와 함께 편안하게 지낼 수 있었다.

크리스와 앤의 손녀 중 한 명은 두 살 무렵, 큰 개로 인해 트라우마가 될 만한 일을 겪은 적이 있었다. 그래서 그 손녀가 거대한 행크를 보면 놀랄까 걱정이 많았다. 행크를 보여주기 전에 굉장히 조심스럽게 다가갔다. 행크의 사진과 영상을 먼저 보여줬고, 행크가 얼마나 착하고 노는 걸 좋아하는지 차근차근 설명했다. 이런 노력 덕분에 휴가를 맞아 크라이스트처치에서 놀러 온 손주들은 행크가 얼마나 큰지 이미 알고 있었다. 그래도 이렇게 클 줄은 몰랐나 보다.

처음에는 손녀들이 유리문 너머로 지켜볼 수 있도록 행크가 마당에만 있게 했다. 가장 어린 손녀와 키가 비슷해서 눈높이가 똑같았다. 그렇게 서로 똑바로 바라보고 있었다. 그러면서 무언가가 통한 것 같았다. 유리문이 열리자, 행크가 뚜벅뚜벅 걸어와 가만히 자리에 앉았다. 행크는 점잖게 이 자그마한 소녀의 마음에 들어가 살며시 자리 잡았다.

    행크도 다른 개처럼 수영을 좋아했다. 근처 강에서 몇 시간이고 나뭇가지를 던지고 주워오는 놀이를 계속했다. 또한 마나포우리 보트 클럽 선착장에는 단골손님 같은 존재였다. 날씨가 안 좋은 날에도 행크는 선착장에 오가는 보트 사이에서 신나게 헤엄쳤다.

    행크가 처음 받은 공은 가죽으로 된 축구공이었다. 어찌나 열정적으로 깨물며 놀았던지 몇 분 되지도 않아 갈기갈기 찢어지고 말았다. 열심히 찾아본 끝에 크리스는 절대 망가지지 않는다는 공을 찾아냈다. 무려 무적의 공이라고 광고하고 있었다. 얼마 지나지 않아 행크는 알아차렸다. 아무리 앙앙 물어도 그 공에는 자기 이빨이 들어가지 않는다는 것을. 그래도 포기하지 않고 어떻게든 공과 놀고 싶어 했다. 그러다 생각을 바꾼 듯 앞발로 공을 툭 쳐냈다. 그러자 공이 데굴데굴 굴렀고 행크는 신이 나 공을 툭툭 차며 축구 선수처럼 드리블하여 여기저기를 누비기 시작했다.

    '잘생긴 행크'는 자신을 진심으로 아껴주는 따뜻한 가족, 크리스와 앤과 함께 행복하게 지내고 있다.

아름다운 베리

베리의 이름은 영화배우 핼리 베리Halle Berry에서 따왔다. 주인 필은 베리의 철자를 조금 다르게 하고 싶어서 끝 글자만 i로 바꿨다. 베리도 그 배우처럼 아름답고 반짝이는 눈에 누구든 반하게 만드는 매력을 지녔다. 베리는 스타포드셔 불테리어|영국이 원산지인 중형견으로 근육질 체격과 강한 턱을 지녔으며 충성심과 애정이 깊다. 원래는 투견으로 길러졌으나 현재는 가족 친화적인 반려견으로 사랑받는다_옮긴이| 믹스견이다. 중간 정도 체격에 근육이 잘 잡힌 탄탄한 몸을 가졌고 성격은 누구보다 부드럽고 다정하다. 호기심이 많고 애정 표현 또한 유난히 많은 편이다. 베리는 생김새만으로는 스타포드셔 불테리어 믹스견임을 알기 어려웠다. 가슴팍에 있는 흰색 다이아몬드 무늬만이 유일

하게 남아 있는 특징이었다.

2009년에 《사우스랜드 타임스》에 실린 짧은 광고가 필의 눈길을 사로잡았다. "강아지를 좋은 가족에게 무료로 분양해드립니다." 광고에 적힌 번호로 전화를 걸었고 어미 개가 새끼 한 마리를 돌보지 않아 분양한다는 이야기를 들었다. 젖이 부족해서 모든 새끼를 먹일 수 없었기 때문이었다. 베리는 생후 7주밖에 안 되었고 주인이 직접 우유를 먹여 키우고 있었다.

처음에 베리는 굉장히 손이 많이 갔고 누군가 꼭 옆에 있어야만 했다. 혼자 남겨지면 하울링을 했다. 필은 베리를 다시 돌려주고 싶었지만, 너무 귀여워서 도저히 자기 손으로 떠나보낼 수가 없었다. 끔찍했던 2주가 지나고 베리가 안정을 찾아 적응하는 듯 보였다. 하지만 이내 울부짖는 소리가 또 다른 행동으로 바뀌었다.

필이 일하러 나가면 베리는 여덟 시간씩 혼자 남겨졌다. 당연히 베리에게는 힘든 일이었다. 처음에는 소파 두 개, 부엌 식탁 다리와 의자를 먹어 치우더니 침대 아랫부분과 복도의 벽지까지 뜯어먹었다. 그래도 천사 같은 필은 집이 점차 부서져가는 것을 참아냈다. 베리와 꼭 함께하고 싶었고 그래야만 한다고 생각했다. 나 말고 누가 베리를 감당하겠는가? 마침내 베리가 안정을 찾았다. 집을 부수는 것을 멈추었고 공격적인 성향은 필에 대한 깊은 애정과 헌신으로 바뀌었다.

베리가 일곱 살이 되었을 때 필이 '패디'를 데려왔다. 검은색과 황갈색이 섞인 강아지였다. 한 친구가 이사하면서 자신이 키우던 패디를 데려갈 수 없게 되었다. 필은 패디를 이전에 몇 번 본 적이 있었고 패디를 좋아했기 때문에 데려오는 것은 어려운 고민이 아니었다. 패디는 오자마자 베리에게 자신이 서열이 더 높다는 것을 자연스럽게 각인시켰다. 서열 문제가 해결되자 두 반려견은 좋은 친구가 됐다.

    몇 년 전에 '테히마나'라는 친구가 이사를 왔다. 마나포우리 호수가 내려다보이는 작은 오두막집에 자리 잡았다. 모두가 그를 '데스'라고 불렀다. 데스는 정원사이자 마오리 전통 섬유 공예가다. 마오리 전통문화와 티카웅가tikanga|뉴질랜드 마오리 문화에서 전해 내려오는 전통적인 가치와 관습, 예절 체계를 뜻하며 '옳고 적절한 방식'을 의미한다_옮긴이|를 알리는 데에 진심이었다. 패디가 필의 파트너, 데스를 처음 만났을 때는 약간 경계하는 모습이었다. 하지만 얼마 지나지 않아 패디와 베리 모두 데스를 잘 따랐다.

    몇 년 전 패디의 왼쪽 허벅지에 혹이 생겼다. 검사해본 결과 악성 종양이었다. 제거 수술을 받았으나 곧 다리 사이 안쪽까지 전이되고 말았다. 결국 안락사를 결정할 수밖에 없었다. 마지막으로 데스와 필은 패디가 좋아하던 테아나우에서 특별한 주말을 함께 보냈다. 그리고 수의사를 찾아갔다. 베리도 함께 갔는데 멀찍이 떨어져 있었다. 무슨 일이 벌어질지 아는 것만 같았다. 제일 친한 친구가 떠난다는 것을 담담히 받아들인 것처럼 보였다. "베리는 이미 슬퍼하고 있었어요. 무슨 일이 생겼는지 다 알고 있었나 봐요." 필이 설명했다.

    베리는 이제 필과 함께 인버카길에서 지낸다. 필이 마나포우리에 사는 파트너 데스를 찾아올 때면 베리도 함께 와서 지낸다. 필과 데스 다음으로 좋아하는 것이 마나포우리 호수다. 그렇게 베리는 자신이 좋아하는 모든 것을 얻었다.

한편 늘 마오리어를 배우고 싶어 했던 필은 은퇴 후 오랜 꿈을 이룰 수 있었다. 지난 3년 동안 사우스랜드 기술대학 내 공식 마오리 교육기관에서 마오리어 과정을 수료했다. 같이 공부하는 사람 중 가장 나이가 많았고 교육과정도 쉽지만은 않았지만, 필은 자신이 이뤄낸 것에 큰 자부심을 느꼈다.

필은 우리 자그마한 책방을 사랑한다. 2022년 부활절 기간에 랜스와 내가 잠시 휴가를 떠났고 그동안 필이 책방을 맡아주었다. 떠나기 전에 몇 시간 동안 필에게 책방 일을 알려주었다. "책방은 10시 반경에 열고, 닫는 것은 편할 대로 하면 돼요." 코로나19로 인해 국경이 봉쇄된 상태라 부활절 연휴 동안 책방이 한적할 거라고 생각했다.

엿새의 휴가를 마치고 돌아와 보니, 필은 즐거워 보였지만 매우 지쳐 있었다. 그동안 책방이 엄청나게 붐볐다고 한다. 토요일은 책방 역사상 최고의 매출을 기록했다! 일요일과 월요일에도 손님이 너무 많아서, 필이 문 닫는 시간을 더 늦출 수밖에 없었다.

기다리는 손님을 위해 데스가 풀밭에 테이블을 놓고 섬유공예도 시연해주었다. 근처에서 중고 매장, '타임 트레이더'를 운영하는 친구 비키가 필에게 커피를 건네 계속 힘을 낼 수 있게 했다. 데스는 필이 먹을 음식도 가져다주었다!

반쯤 비워진 책장 앞에서 필은 나를 당당히 맞이했다. 어린이 책방은 거의 텅 비어 있었다. 그 뒤로 몇 주 동안, 찾아오는 단골손님마다 필이 얼마나 훌륭하게 책방을 운영했는지 말해 주었다. 생각해보면 자기 반려견이 가구를 하나씩 하나씩 부숴가는 것도 사랑으로 참아낸 남자 아닌가. 내 책방을 이렇게 잘 봐준 것도 당연했다. 필은 책방 안에서 더없이 편안해 보였다.

베리는 이제 열네 살이 되었다. 선명했던 털이 이제는 희끄무레하게 바랬다. 노견의 눈이지만 그래도 변함없이 반짝거리고 장난기도 넘친다. 베리는 아직도 호숫가의 해변이 자기 것이라고 믿는다. 차를 탈 때도 여전히 앞자리를 차지하며 소파도, 침대도 자기 것, 필과 데스도 당연히 자기 것이다.

베리는 필과 데스의 삶에 자연스레 스며들어 소중한 추억을 쌓아갔다. 데스의 아름다운 공예품처럼 사랑으로 한올 한올 엮어냈기에 그들은 베리가 세상을 떠난 후에도 흐르는 시간을 견딜 수 있을 것이다.

훈자 이야기
훈자와 고슴도치

훈자는 어쩌다 우리 정원에 놀러 온 고슴도치에 끌렸을까요?

아마도 모양 때문일 수도 있어요. 고슴도치가 겁에 질려 몸을 둥글게 말면 공처럼 보이거든요. 아니면 그냥 궁금해서였을까요? 잔디밭에서 조심스럽게 걸어가던 동물이 눈 깜짝할 사이에 공으로 변하니까요. 꽤 신기한 일이긴 하지요. 이걸 보고 누가 궁금해하지 않겠어요?

어느 날 오후, 우리는 훈자 콧등에 작은 구멍이 많이 생긴 걸 발견했어요. 조금 빨개지긴 했는데 심해 보이진 않았지요.

그런데 다음 날 아침이 되자 문제가 심각해졌어요. 콧등이 빨갛게 부어올랐고 진물이 흘렀거든요. 구멍이 눈으로도 많이 보였어요. 훈자 표정은 괜찮았는데 코가 조금은 불편하다는 걸 알 수 있었어요. 발바닥으로 콧등을 계속 문질렀거든요. 병원에 가야 했어요.

의사 선생님은 훈자를 보자마자 고슴도치 가시에 찔려서 감염이 된 거라고 알려주었어요. 바로 치료하지 않으면 더 퍼질 거라고도 했지요. 안타깝지만 치료가 간단하지만은 않을 거라고 경고했어요. 항생제를 먹이고 연고를 발랐지만, 상처가 더 퍼졌어요. 몇 주 뒤에는 눈 주변까지 번졌지요. 걱정이 많이 되어 인버카길에 있는 반려견 전문 병원을 찾아갔어요. 훈자가 몸의 다른 부위를 핥아서 감염이 더 퍼질 수도 있다면서 목 보호대를 채웠지요.

랜스는 일 때문에 바다로 나가야 했지만 훈자 상태가 어떤지 계속 알려달라고 했어요. 브레이크시걸호에 위성 전화기가 없던지라 쉽지 않은 일이었지요. 그래도 부엌에 해상용 라디오 장비가 있어 그걸로 하루에 두어 번 정도 연락할 수는 있었어요. 랜스가 나가 있는 바다 날씨 예보도 들을 수 있었지요. 이는 곧 같은 주파수를 사용하는 뉴질랜드 전역의 배들이 우리의 대화를 모두 들을 수 있다는 뜻이기도 했어요.

"브레이크시걸, 브레이크시걸, 응답 바란다, 랜스?"

"들린다, 루스."

"훈자 소식이 있어요."

"네, 말해줘요."

"훈자가 생식기를 핥지 못하도록 목 보호대를 차고 왔어요."

랜스는 내가 한 말을 믿을 수가 없었는지 잠시 대답이 없었어요. "한 번 더 말해줄래요?"

나는 한 번 더 정확하게 말했지요. "감염 부위가 퍼질 수 있어서 생식기를 핥으면 안 된대요. 그래서 훈자가 목에 보호대를 차고 왔어요."

랜스의 웃음소리가 들렸어요. 웃음을 참으려고 하다 실패한 모양이에요. "이해했어요. '헌터'라고 하는 줄 알았어요. 훈자 얘기였군요. '후추' 할 때 '후'에다 니은 받침, 그리고 '자두' 할 때 '자'. 맞죠?"

"네, 맞아요. 훈자요."

헌터는 랜스의 형이었어요. 그래서 이런 오해가 생긴 것이지요. 헌터라니, 차마 상상조차 할 수 없어요.

무전기에는 침묵만이 흘렀어요. 수십 대의 배에서 우리의 대화를 이해하려고 애쓰는 모습이 훤했지요. 우리는 이 상황이 너무 웃겨서 헌터에게도 알려주었어요. 헌터가 이 이야기를 듣고서는 어찌나 놀랐는지 한동안 말이 없었어요. 다행히도 결국엔 웃음을 터트렸지요.

랜스가 집에 돌아왔을 때도 훈자는 차도가 없었어요. 이제는 한쪽 눈을 다 덮었죠. 랜스가 쐐기풀에 찔린 상처에는 넓은잎우슬초 즙을 짜서 바르면 된다고 알려주었어요. 그가 어릴 때 들은 민간요법이었지요. 소스 팬에 풀을 넣고 가열한 후 꽉 짜서 즙을 냈어요. 다 짜낸 풀을 즙과 섞어 상처에 발랐어요. 반죽을 고정하려고 훈자의 코 위에 스타킹을 씌웠지요. 꽤 이상한 모습이었어요. 다행히 훈자는 별다른 반응 없이 얌전하게 있었어요. 며칠이 지나자 감염 부위가 깨끗해지기 시작했어요. 그래도 훈자의 콧등에는 연한 흉터가 조금 남긴 했지요.

넓은잎우슬초는 주로 쐐기풀 근처에서 자라지요. 많은 문화권에서 쐐기풀에 찔린 상처의 진정제로 쓰여요. 열을 가라앉혀주는 특성 덕분에 벌레 물린 곳이나 화상, 물집, 그리고 염좌에도 사용된답니다.

약사 조지의 반려견

테아나우에서 약국을 하는 조지는 영국 런던 외곽의 스완리라는 작은 마을에서 온 신사다. 조지는 약대를 졸업하자마자 뉴질랜드로 여행을 왔다. 6개월간의 여행이 끝났을 때, 그는 뉴질랜드에 계속 머무르기로 했다. 테아나우 약국에서 일을 하던 중 미셸을 만났다. 금발의 미셸은 아름다울 뿐만 아니라 일까지 능숙하게 해내는 훌륭한 동료였다.

조지와 미셸은 2008년 결혼했다. 당시 미셸에겐 열 살과 열여섯 살 된 아이들이 있었다. 결혼 후 둘은 일하던 약국을 인수했다. 그것만으로는 충분히 힘들지 않았던 걸까? 약국을 새로 열기 이틀 전에 강아지 한 마리까지 데려왔다. 래브라도 새끼를 분양한다는 이야기를 듣고 노란색 암컷 강아지가 있으면 데려오기로 한 것이다.

그렇게 조지와 미셸은 오동통한 금색 강아지 소피를 만났다. 아주 자그마한 암컷 강아지로 래브라도 순종은 아니었지만 너무나도 사랑스러웠다. 사실 조지는 새로 여는 약국 준비로 바빠서 강아지를 2주 뒤에 데려가겠다고 주인에게 말할 생각이었다. 하지만 소피를 직접 보고 나니 도저히 그럴 수가 없었다. "지금 당장 데려갈게요!"

조지와 미셸은 원래 소피를 밖에서 키우려고 했지만 여느 주인들처럼 금방 집 안으로 들일 수밖에 없었다. 소피는 새집으로 온 뒤, 몇 시간 만에 차고에서 거실로 들어왔고 순식간에 침실까지 들어왔다. 하지만 여전히 낑낑대는 소피를 보고 있을 수 없었던 부부는 결국 침대 안으로 소피를 들였다. 조지와 미셸은 새 약국 때문에 정신없이 바빠서 소피가 하고 싶은 것을 마음대로 하도록 내버려 둘 수밖에 없었다. 정말 강아지 천국이 따로 없었다! 몇 주가 지나서야 기본적인 규칙이 정해졌다.

소피가 일곱 살이 되던 해에 조지의 친구가 약국에 놀러 왔다. '포피'라는 스패니얼 푸들 믹스견과 함께였다. 조지와 미셸 모두 포피가 마음에 쏙 들었다. 결국 친구에게 연락처를 받아 북섬에 있는 브리더에게 전화했다. 1500달러를 주고(물론 큰돈이라고 생각했다) '엘리자'라는 암컷 강아지를 새로이 들였다. 영국 만화 「손베리 가족 탐험대 The Wild Thornberrys」에 나오는 엘리자 손베리의 이름에서 따왔다. 그래서 '소니'라고 불렀다. 이 견종이 인스타그램에서 유명해지기 전의 일이었고 지금은 입양비가 거의 5000달러까지 올랐다.

소피가 열다섯 살 때 코안에 종양이 생겼는데 곧 출혈이 시작됐다. 계속 재채기하고 바닥에 코를 비비는 등 눈에 띄게 불편해했다. 금세 뇌에도 종양이 퍼졌는지 발작 증세까지 보였고 성격까지 난폭해졌다. 조지와 미셸은 가슴 아프지만 힘든 결정을 내려야 한다는 것을 알았다. 어느 날 미셸과 함께 집에 있던 소피의 눈이 흐려지더니 침을 줄줄 흘리기 시작했다. 곧 심한 발작 증세까지 보였다. 이제는 보내주어야 할 때였다.

코로나19로 인해 수의사가 왕진을 올 수가 없었다. 침대에 누운 소피를 침대째 트렁크에 실어 병원으로 찾아갔다. 소피는 차를 탈 때마다 신나는 모험을 떠났었기 때문에 행복해 보였다. 수의사가 침대에 누워 있는 소피에게 주사를 놓았다. 조지와 미셸은 소피를 안고 마지막 인사를 나눌 수 있을 거라고 생각했지만, 소피는 바로 의식을 잃었다. 부부는 무너져 내리는 가슴을 안고 집으로 돌아왔다. 몇 주 동안이나 소피 이야기를 꺼낼 수조차 없었다.

엘리자는 당시 여섯 살이었고 가장 친한 친구 소피가 떠났다는 것에 너무도 힘들어했다. 소피를 그리워하듯, 쉬지 않고 울부짖었다. 어찌나 큰 소리로 우짖는지 2킬로미터밖에 사는 이웃이 조지에게 전화를 걸어 무슨 일이냐고 물어볼 정도였다.

조지와 미셸이 아무리 달래주어도 엘리자의 슬픔을 해소할 수는 없었다. 결국 엘리자와 같이 지낼 또 다른 강아지를 입양하기로 했다. 엘리자는 예민한 성격이었기 때문에 차분한 래브라도 푸들 믹스견을 들이면 편안해할 것 같았다.

네 시간 넘게 차를 달려 던백에 있는 유명한 브리더를 찾아갔고 새로운 반려견과 함께 돌아왔다. 다른 식구들은 모두 '루시'라고 불렀지만 조지만 '구스'라고 불렀다. 말을 안 들을 때 소리 질러 부르기 편하다는 이유였다.

조지는 70년 된 퍼거슨 티 트랙터를 가지고 있다. 집 앞 넓은 부지에 문제가 생기면 신이 나서 트랙터를 타고 가 해결하곤 한다. 트랙터와 함께 수많은 모험을 함께했다. 250킬로그램에 달하는 닭장을 경사가 25도나 되는 비탈길을 따라 옮긴 적도 있다. 유압장치가 고장 난 채로! 물에 젖어 450킬로그램 가까이 되던 나뭇더미를 옮기던 중 개스킷을 날려 먹기도 했다. 덕분에 조지는 유압유를 흠뻑 뒤집어썼다. 그 자리에서 어떻게든 고쳐서 다시 작업을 이어가기는 했다. 비록 얼마 안 갔지만 말이다.

이 책에 들어갈 사진을 찍기 직전에도 사고가 있었다. 트랙터가 시동이 걸리지 않아서 미셸이 방목장으로 견인해야 했다. 나중에 보니 엔진 한쪽에서 물이 새고 있었고 라디에이터 위에 달린 온도조절기 커버가 녹슨 채 터져 있었다. 조지가 이것저것 만지더니, 다행히 시동이 걸렸다. 하지만 친구 존에게 이걸 자랑하던 중, 벨트 구동식 팬이 갑자기 튀어나와 조지의 손에 부딪히고 말았다. 까딱했으면 손가락 마디가 다 날아갈 뻔했다. 마지막으로 들었을 때는 여전히 잘 작동했고 조지의 손도 거의 다 나은 상태였다.

조지가 트랙터를 계속 몰아도 되는지는 잘 모르겠다. 하지만 트랙터와 관련된 일화를 끊임없이 풀어낼 때 얼마나 행복해 보이는지 생각해보면 트랙터 덕분에 그의 삶이 즐거워진 것은 분명하다. 조지와 트랙터의 대서사시는 앞으로도 계속될 것이다.

조지는 책 읽기를 좋아하지만, 바쁜 약국 때문에 늘 시간에 쫓겼다(게다가 트랙터도 고쳐야 했다). 조지가 좋아할 만한 책이 들어오면 약국에 들러 건네주곤 한다. 마리나 레비츠카의 『아빠가 결혼했다』는 조지가 좋아할 수밖에 없는 책이었다 책에 대한 이야기는 루스의 첫 책 『세상 끝 책방 이야기』 '트랙터 인생' 부분에 자세히 나온다._옮긴이 .

조지는 어려서부터 반려견과 함께 자랐기 때문에 강아지를 키우며 마음의 평안을 얻는다. 그리고 참새와 검은지빠귀가 지저귀는 소리에도 고향을 떠올리곤 한다.

이야기를 나누는 와중에 엘리자와 루시는 스르르 잠이 들었다. 엘리자는 조지가 배를 살살 쓰다듬어주자 조용히 코를 골고 있었고 루시는 난로 앞에 편안하게 늘어져 있었다. 집 안에는 따로 반려견을 위한 방이 있었다. 그럼에도 주인과 함께 거실에서 겨울밤을 보낸다니 얼마나 큰 호사인가.

조지는 일하는 동안 항상 엘리자와 루시를 생각한다고 말한다. "우리 인생에 중요한 존재이니 떨어져 있으면 항상 걱정이 되지요." 미셸이 이 말에 조용히 미소를 지었다. 미셸도 엄마이기에 조지가 어떤 마음인지 아는 것이다. 조지와 미셸은 반려견이 없는 집을 상상조차 할 수 없다. 강아지를 키워본 사람이라면 누구나 그렇지 않을까?

훈자 이야기
훈자, 모든 순간을 함께한 동반자

훈자는 호숫가로 오후 산책하러 나갈 준비가 다 끝난 상태였어요. 목줄을 챙기며 모자를 쓰는 나를 뚫어져라 바라보고 있었죠. 호수가 코 앞이라 금방 갈 수 있지만, 훈자가 중간중간 멈춰서 킁킁거리며 냄새를 맡곤 했기에 항상 오래 걸리지요. 다른 개가 왔다 갔는지 확인하는 거랍니다. 문득 훈자가 평소와 다르게 조금 천천히 가고 있다는 것을 깨달았어요. 보통 나를 지나쳐서 쌩하고 앞으로 달려갔는데 오늘은 꼬리를 내린 채 천천히 걸어갔어요. 호숫가로 내려가는 길에 훈자가 바위 옆으로 다리를 들고 소변을 보았는데 소변에 붉은 기가 보이는 거예요.

혈뇨라니! 도저히 믿을 수가 없었어요. 상태가 안 좋다는 거잖아요. 훈자에게 앉아서 기다리라고 하고는 바로 집으로 달려가서 차를 가져왔어요. 훈자가 기다리는 곳 건너편에 차를 세우는데 눈물이 났어요. 훈자가 괜찮아 보이긴 했지만, 혈뇨는 심각한 문제라는 것을 알고 있었으니까요. 훈자가 평소와 달리 차에 뛰어오르지 못해서 직접 들어 올려야만 했어요. 훈자는 뒷자리에 눕더니 슬며시 눈을 감았지요. 랜스는 바다에 나가 있었기에 나 혼자 해결해야 했어요.

다행히 마나포우리와 테아나우를 오가는 도로는 항상 한산했지요. 속도 제한을 무시하고 최대한 빨리 달렸어요. 20킬로미터 정도 되는 거리를 달리며 훈자에게 쉬지 않고 말을 걸었어요. 지금 생각해보면 그때 훈자에게도, 나 자신에게도 별일 없을 거라고 계속 다독였던 것 같아요. 동물병원 뒷문 앞에 차를 댔어요. 노크도 하지 않고 그대로 달려들어가 브라이언을 찾았지요.

몇 분도 지나지 않아 브라이언이 훈자를 안고 왔어요. 수술실로 들어가던 훈자가 고개를 들어 그 아름다운 갈색 눈으로 나를 바라보았어요. 나는 가능한 밝은 얼굴로 웃으려고 애를 쓰며 아무 말이나 했던 것 같아요. "괜찮아. 다 잘될 거야." 브라이언이 테이블에 훈자를 올리고 복부를 살펴봤어요. 진통제를 주사하고 카테터를 연결했죠. 피가 빠른 속도로 차올랐어요.

브라이언이 돌아보며 말했어요.

"루스, 훈자 복부에 부종이 너무 심하네요. 피를 꽤 많이 뺐는데도 여전히 팽팽하게 부어 있어요. 몸 안에서 출혈이 있는 거지요. 지금 바로 수술해서 무슨 상태인지 확인할 수도 있고 아니면 그냥 안락사를 선택할 수도 있어요."

나는 깜짝 놀랐어요. 가슴이 쿵 하고 내려앉았어요. 생각지도 못한 일이 눈앞에 닥쳤습니다. 한 손은 훈자의 머리에 대고 다른 손은 훈자의 부드러운 털을 쓰다듬으며 가만히 서 있었죠. 몸이 덜덜 떨려왔고 쏟아지는 눈물이 얼굴을 따라 내 옷까지 뚝뚝 떨어졌어요.

"당신이 결정해야 해요, 루스." 브라이언이 내 손을 꼭 잡으며 말한 뒤 몸을 돌려 수술실 밖으로 나갔어요.

훈자는 천천히 숨을 내쉬며 잠들어 있었어요. 수술실로 들어오며 나를 바라보았을 때 이게 마지막이라는 걸 알았을까요? 내가 올바른 결정을 내릴 것이라고 믿고 있었을까요? 이토록 급박한 상황에서 다른 사람들은 어떻게 결정을 내리는 거죠?

훈자는 이제 겨우 아홉 살밖에 안 됐고, 아침만 해도 분명히 아무런 증상이 없었는데 말이에요!

내 손 아래로 따스한 온기와 고른 심장 박동이 고스란히 전해졌습니다. 카테터를 따라 피가 계속 빠지고 있었지요. 나의 가장 친한 친구 훈자. 내가 놀 때나 일할 때나 언제나 함께했던 훈자. 훈자 덕분에 내가 정신을 붙들고 살 수 있었어요. 어떻게 해야 할까요? 훈자에겐 어떤 게 최선일까요?

브라이언이 돌아왔어요. 나를 잠깐 바라보고는 다시 훈자를 살펴보더니 나직이 말했어요.

"그냥 보내주는 것이 좋을 것 같아요, 루스." 브라이언이 부드럽게 말했어요.

브라이언이 무엇인가를 알고 있는 걸까요? 뭐가 잘못되었는지 알고 있지만 내가 너무 슬퍼 보여서 말해주지 않는 걸까요? 지금 이 상황이 믿어지지 않았어요. 한 시간 전만 해도 산책하러 갈 준비를 하고 있었는데 말이에요. 훈자는 그저 행복하고 신나 보였어요. 평소랑 다를 게 없었지요. 모두를 사랑하고 모두에게 사랑받으며, 힘든 이들을 기꺼이 도왔던 훈자의 모습 그대로였어요.

두 팔로 훈자를 껴안고 머리를 가져다 댔어요. 나는 울음을 넘어 숨을 헐떡이며 흐느끼고 있었지요. "훈자, 훈자!" 절규해서라도 훈자를 붙잡고 싶었어요. 훈자를 향한 내 마음에 휩쓸려 허우적거리고 있었지요.

"훈자를 편하게 해주세요."

브라이언은 부드럽고 조심스럽게 준비했고 마지막이 곧 찾아왔어요. 훈자의 발바닥이 조금 움직였지요. 그게 마지막이었습니다.

우리 교회 목사님인 피터를 불러달라고 요청했어요. 나와 훈자를 잘 알고 있는 사람의 도움을 받고 싶었지요. 피터가 바로 찾아왔어요. 훈자를 차에서 내리는 걸 도와주었지요. 이해심 많은 피터 덕분에 제정신을 유지할 수 있었어요. 함께 무덤을 파고 풀잎을 깔아 준비한 뒤 우리의 아름답고 충직한 친구를 내려놓았습니다. 풀잎을 덮은 뒤 마지막 인사를 했어요.

랜스는 가슴 아픈 소식을 듣고 다음 날 바로 집으로 돌아왔어요. 아무 말도 하지 않고 손을 꽉 잡은 채 서 있었지요. 훈자가 떠났다는 것을 믿을 수가 없었어요. 같은 배에서 태어난 새끼 중 제일 작고 약한 아이였지만 상처받은 숱한 사람들의 삶을 다시 이어주었지요. 훈자는 그저 반려견이 아니었어요. 삶의 모든 순간을 우리와 함께한, 그 이상의 존재였지요.

현장 청소년 복지사로 일할 때 훈자가 처음 도움을 주었던 때가 떠올랐어요. 아이의 엄마가 아이를 안아주며 훈자에게 속삭였지요. "고마워, 훈자. 진짜 고마워. 넌 정말 소중한 친구야."

몇 해가 지난 지금도 다른 개의 이름을 부르려 할 때면 '훈자'라는 이름이 먼저 나와요. 아마도 우리 마음 깊은 곳에서 여전히 훈자를 그리워하고 있기 때문이겠지요. 이제는 보이지 않아도 훈자는 가만가만 우리 곁을 걷고 있어요. 언제나 여기 함께 있답니다.

조류 탐지견 시드

마크를 처음 만난 것은 1990년 후반, 첫 책방 45사우스앤드빌로우를 운영할 때였다. 마크는 그 당시 막 책을 수집하기 시작했다. 수년 동안 피오르드랜드 연안에서 가재잡이로 일한 마크는 40대가 되자 자기 배를 처분했다. 그는 반쯤 은퇴한 상태로 고급 산장을 지어서 느긋하게 사는 것이 목표였다. 자연스레 책에 관심을 가지기 시작했고 최고 수준의 서재를 갖추고 싶어 했다.

　내가 마크를 찾아가면 마크의 골든래브라도 두갈이 항상 문 앞에서 반겨주었다. 두갈은 땅 파는 것을 무척이나 좋아했다. 토끼를 찾아다닐 때는 그 무엇도 두갈을 막을 수 없었다. 토끼를 쫓느라 엄청나게 큰 구멍을 파고는, 꼬리만 내밀고 있는 채로 발견된 적도 있었다. 두갈은 여덟 살 무렵 턱에 종양이 생겨 세상을 떠났다.

팸 플럼리가 주최하는 도서 경매에 참석하기 위해 마크와 함께 더니든에 같이 간 적이 있다. 새벽 5시 반에 출발하여 세 시간 반 동안 달렸다. 경매 시작 한 시간 전에는 도착하려고 했다. 카탈로그를 훑어봐서 대략적인 가격을 미리 알고 싶었기 때문이다. 마크가 원하는 책의 예상 가격과 응찰 요령에 대해 간단히 설명해주었다. 마크의 카탈로그에 내가 원하는 책을 표시했다. 각자 원하는 책에는 서로 응찰하지 않기로 합의했다.

경매가 시작되자 서점상과 수집가들 간에 경쟁이 활활 타올랐다. 마크도 열정적으로 달려들었다. 너무 열정적인 나머지 좀처럼 가만히 있지를 못했다. 마크가 원하는 책이 처음 등장했다. 팸이 책에 대한 설명을 끝마치기도 전에 마크의 손이 번쩍 올라갔다. 마크 뒤로도 입찰이 계속됐다. 그래도 마크는 아무 말 없이 다른 입찰자들이 조용해질 때까지 손을 계속 들고 있었다.

마크가 첫 번째 책을 낙찰받았다.

모두가 마크를 쳐다보았다. 저 신참은 누구야? 마크는 경매에 완전히 심취한 상태였다. 열기에 들떠 온몸이 들썩거리는 것이 훤히 보였다. "다음 책도 내가 가져갈게요. 한번 보세요." 마크가 온 얼굴에 미소를 띠며 속삭였다.

"마크, 그러지 마요. 우리가 사려던 것만 사야죠. 무리하지 말아요!"

마크는 그저 웃기만 했다. 내 충고를 무시하려는 모양이었다.

"이거 재밌는데요!"

나는 절레절레 고개를 저을 수밖에 없었다. 마크를 말리는 것은 불가능해 보였다. 조용한 경매장에서 우리 둘의 웃음소리만 퍼져 나갔다. 마크가 노리던 다른 책이 경매에 오르자, 그는 다시 한번 손을 들더니 이번에도 내리지 않고 계속 버텼다. 다른 입찰자들이 마크를 쳐다보았다. 마크의 꼿꼿한 손을 보고 나서 입찰을 포기하는 것 같았다. 그렇게 마크는 폭주 기관차처럼 당최 멈추지를 못했다.

마크는 본인이 원한 책을 모두 낙찰받았다. 그리고 추가로 더 많은 책도 구매했다. '플럼리 경매에서 책값 폭등!' 혹은 '이제는 책이 재테크다!'라는 제목의 기사가 다음 날 《오타고 데일리 타임스》의 1면을 장식하는 상상이 잠깐 머리를 스쳐갔다. 생각만 해도 웃기지만 조금은 무섭기도 했다.

그로부터 수년이 흐른 지금, 마크는 엄청난 양의 책을 보유하고 있다. 하지만 산장은 결국 짓지 못했다. 뉴질랜드에서 휴가를 보내던 스위스 출신 여성과 사랑에 빠진 것이다. 결혼까지 골인했고 넬슨에 자리를 잡았다. 우리는 계속 연락을 주고받았다. 마크가 이메일로 책에 관해 물어보았고 가끔 우리 책방에서 책을 주문하기도 했다.

랜스와 같이 북 투어를 다니며 넬슨을 들린 적이 있다. 마크에게 한 번 놀러 가겠다고 이야기하자 바로 답장이 왔다. "욕실이 딸린 방이 있으니 여기서 지내세요." 그러더니 자쿠지 욕조도 있고, 캐럴이 맛있는 빵을 직접 구우며 훌륭한 채식 음식도 제공할 수 있다는 이메일이 연이어 날아왔다. 본인의 서재도 구경해야 한다고 했다. 그리고 들어온 결정타, "우리, 반려견도 있어요!" 그렇다면야 무슨 일이 있어도 가야 했다.

독일 와이어헤어드 포인터|독일산 다목적 사냥개로 거친 털과 뛰어난 추적, 회수 능력이 특징이다._옮긴이| 시드는 남섬 사우스랜드의 작은 마을, 투아타파레 출신이다. 공항에서 이 강아지를 처음 만났을 때는 트럭 뒤에 태우려고 했다. 모든 개는 여행을 다닐 때 트럭 뒤에 타야 한다는 것이 마크의 한결같은 생각이었다. 하지만 몇 분도 채 못 가 강아지는 캐럴의 무릎 위에 편안히 자리 잡은 채 집으로 돌아왔다.

시드라는 이름을 짓기까지는 꽤 오랜 시간이 걸렸다. 그 어떤 이름도 이 강아지와 어울리지 않는 것 같았기 때문이다. 그러다 시드라는 이름을 불러보았을 때 괜찮게 들렸고 강아지와 딱 어울렸다. 만화책에서 튀어나온 것 같이 생긴 이 순한 강아지에게 누가 시드라는 이름을 주겠는가? 그게 바로 내 친구 마크와 캐럴이었다.

우리가 도착하자 시드가 특유의 해맑으면서도 덤벙대는 모습으로 반겨주었다. 짙은 갈색 눈동자가 제멋대로 뻗친 털 사이로 반짝였다. 시드는 이제 아홉 살이었다.

당연히 처음에 주고받은 대화는 모두 시드에 관한 이야기였다. 마크는 매일 아침 해가 뜨기도 전에 시드와 함께 산책을 나선다. 하루는 시드가 나무 한 그루를 바라보더니 멈춰서 꼼짝도 하지 않았다. 마크가 불을 비춰 나뭇가지를 살피었다. 시드가 가리키고 있던 것은 부엉이 한 마리였다. 몇 주 뒤에도 차고 앞 나무에 조용히 앉아 있는 또 다른 부엉이를 보고 멈춰서는 꼼짝도 하지 않고 쳐다보았다. 자전거를 타고 산책하러 나갔다가 시드가 다른 동물을 보고 멈춰서서 움직이지 않는 바람에 자전거를 돌린 적도 있다. 시드의 관심을 돌리기 위해 번쩍 들어서 새가 안 보이는 쪽으로 돌려놓아야 했다. 시드는 전형적인 중간관리자 스타일이었다. 사냥감을 쫓지는 않고 그저 가리키기만 했다.

어느 여름날, 마크네 집 근처에 뉴질랜드 뜸부기 웨카 한 마리가 둥지를 틀었다. 얼마 지나지 않아 꽤 많은 새끼가 태어났다. 시드는 아침을 다 먹고 자기 빈백에서 철퍼덕 늘어져 따스한 햇볕을 즐기는 중이었다. 갑자기 새끼 웨카 몇 마리가 시드의 빈백을 넘나들기 시작했다. 시드 머리에서 고작 몇 센티미터 떨어진 곳이었다. 그러더니 순식간에 시드의 밥그릇으로 달려갔다. 시드가 먹고 남은 음식을 엄마 웨카가 새끼들에게 먹이기 시작했다. 시드가 어처구니없다는 듯한 눈빛으로 웨카를 쳐다보았지만 몸은 조금도 움직이지 않았다. 참 뻔뻔하기도 하지!

그날 밤 침대에 누워 있다가 문득 이런 생각이 들었다. '시드의 이름이 특별 탐지견Specialist Indicating Dog|앞 글자를 따면 SID로 시드와 발음이 같다.옮긴이|을 의미하는 것은 아닐까?' 훈련받은 적이 한 번도 없으면서 그렇게 잘 찾아내니 말이다.

책방지기 개 코브

우리는 훈자가 세상을 떠난 뒤 19년 동안 반려견을 들이지 않았다. 그러던 중 마나포우리의 젊은 가재잡이 어부 리건이 키우는 반려견 코브를 만났다. 리건이 가재를 잡으러 나가면 우리가 코브를 돌보곤 했다. 코브가 처음 우리와 함께 지내러 왔을 때, 리건은 강아지 용품을 바리바리 싸 왔다. 강아지용 침대, 부드러운 토끼 인형, 사료 한 바가지, 냉동 보관용 뼈 간식, 목줄 세트, 코브의 비옷까지 있었다. 리건의 아빠 필의 집에도 똑같은 강아지 용품이 준비되어 있어서 코브는 두 집 어디서든 편히 지낼 수 있었다.

 나와 랜스가 처음 자그마한 책방을 열었을 때 코브는 나만큼이나 신이 났었다. 아마도 나랑은 조금 다른 이유였을 것이다. 책방 문 옆에 배에서 쓰던 종을 달아두어 손님이 도착하면 종을 울릴 수 있게 했다. 내가 집이나 정원 또는 뒤편 작은 숲에 있어도 종소리를 들을 수 있었다.

코브는 종소리가 나면 사람들이 와서 자기를 반겨주고 예뻐해준다는 사실을 금방 알아차렸다. 그렇게 코브는 책방에 내내 상주하며 책방지기 개를 자청했다. 손님들이 "참 사랑스러운 강아지네요"라며 등을 따라 천천히 쓰다듬어주거나 귀를 만지작거릴 때마다 코브는 세상을 다 가진 것처럼 행복해했다. 자기를 만져주는 손길은 많을수록 더욱더 좋다는 것만 같았다. 곧 '마나포우리의 자그마한 책방, 코브에게'라고 적힌 편지와 선물이 도착하기 시작했다. 코브가 손님들의 기억 속에 깊이 자리 잡은 것이 분명했다.

코브는 스스럼없이 손님 발치에 엎드리고는 등을 대고 드러눕는다. 그러고는 배를 드러내며 간절한 눈빛으로 쳐다본다. 그러면 손님들은 너 나 할 것 없이 "어머, 너무 귀여워요"라고 말하게 된다. 코브는 그걸로는 부족하다는 듯이 손님을 따라 책방으로 들어가 손님 다리에 몸을 기대며 더 많은 사랑을 달라는 눈빛으로 애절하게 바라본다. 그다음에는 차까지 따라가서는 당연하다는 듯이 차에 뛰어오르려고 한다. "어머, 보세요. 저희랑 같이 가고 싶은가 봐요. 정말 귀엽지 않아요?"

몇 년 전 코브가 갑자기 변비에 시달린 적이 있었다. 한 달 사이에 갑자기 심해진 것이다. 약을 먹고는 있었는데 관장이 필요해서 몇 번 동물병원에 가기도 했다. 병원에서 작은 방으로 안내받았다. 비스듬한 콘크리트 바닥 끝에는 배수구가 있었다. 코브는 귀를 납작하게 붙인 채 조용히 배수구 옆으로 가서 수의사에게 몸을 맡겼다. 수의사가 관장을 모두 마치고 한 발짝 물러서자마자 코브는 뒤도 돌아보지 않고 병원 뒤편으로 달려갔다. 쪼그려 앉은 코브의 얼굴에는 더없이 홀가분한 표정이 역력했다. 장세척 후 결과를 듣기 위해 기다리는 동안 코브는 우리 곁에 있지 않았다. 어떻게든 밖으로 나가 혼자만의 공간을 찾으려고 애를 썼다. 첫 장세척이 끝난 뒤, 나는 코브가 혼자 있을 수 있도록 배려해주었다. 누구에게도 보이고 싶지 않다는 걸 코브의 행동만으로도 충분히 알 수 있었다.

몇 주가 지나도 변비는 나아지지 않았다. 어느 금요일 저녁, 리건이 코브와 함께 찾아와 코브가 걱정된다고 말했다. 코브는 난로 옆에 머리만 축 늘어트린 채 기운 없이 앉아 있었다.

"리건, 코브는 다시 동물병원에 가야 해요." 내가 말했다. 변비가 나아지지 않았고 오히려 몸 상태가 더 나빠졌다. 이제는 가끔 토를 하기도 했다. 리건이 병원에 전화를 걸었다. 새로운 약을 먹어서 그런 것 같다는 답변을 듣고 바로 테아나우에 있는 병원으로 향했고 자정이 되어서야 돌아왔다.

다음 날 아침 리건이 수의사에게 전화를 걸었다. "코브가 대변을 보려고 하는데, 나오지 않아서 아파하는 것 같아요." 수의사는 더니든이나 크라이스트처치에 있는 더 큰 병원에서 검사를 해봐야 할 것 같다고 답했다. 리건의 누나가 크라이스트처치에 살고 있었기에 크라이스트처치로 가기로 했다. 화요일로 예약을 한 뒤 월요일에 차를 타고 출발했다. 무려 여덟 시간을 운전해 가야 했다. 검사 결과 고환 주변에 혹이 여러 개 발견되었고 척추 하부에는 관절염 소견이 보였다. 추가로 방광에 염증도 있었다. 다음 날 코브는 큰 수술을 받았다. 그 뒤로 응급동물병원에서 24시간 내내 관찰을 받으며 일주일 동안 회복기를 가졌다. 리건은 오랫동안 코브 곁을 지켰고 경험 많은 직원들이 코브를 돌봐준다는 사실에 감사했다. 병원 비용은 모두 합쳐 거의 1만 달러나 됐다. 그렇게 코브는 '백만 불짜리 개'라는 새로운 별명을 얻었다. 코브는 퇴원 후에 수술 후유증이 조금 있었다. 요실금 증상도 보여서 걸어 다닐 때 소변이 새기도 했다. 약 처방을 받은 후 요실금 증상이 개선됐고 수술 후유증도 시간이 지나면서 점점 나아졌다.

    코브는 자기에게 일어난 모든 일을 담담히 받아들인다. 어디서든 잘 어울리고 남을 이해하고 배려할 줄 아는 개다. 아기 개똥지빠귀, 캐서린 맨스필드를 키우면서 손으로 고기를 먹이는 내 모습을 유심히 쳐다보곤 했다. 캐서린이 어색한 날갯짓으로 방을 가로질러 날아다닐 때도 그저 재밌다는 듯이 지켜보았다. 캐서린이 코브 몸에 내려앉은 적도 있었는데 그때 코브는 꼼짝도 하지 않았다. 심지어 캐서린이 코브 등에서 앉을 자리를 찾아 콩콩거리며 돌아다니는데도 전혀 움직이지 않았다.

    열다섯 살 코브는 이제 노견이 되었다. '자신의' 자그마한 책방 셋을 지키려는 성향은 더욱 강해졌다. 그래서 책방에 다른 개들이 오는 것을 탐탁지 않아 했다. 이럴 때면 코브를 집으로 데려가서 다른 개들이 책방을 떠날 때까지 안에 두어야만 했다. 처음에는 믿을 수 없다는 표정으로 나를 바라보았지만, 곧 어쩔 수 없다는 듯이 받아들였다.

코브는 이제 소리를 전혀 들을 수 없고 걸을 때마다 절뚝거리는 데다 백내장도 꽤 진행된 상태다. 하루에 두 번 가는 산책도 터벅터벅 걸어가다 냄새를 맡고는 소변을 보는 것이 전부다. 코를 골고 방귀도 뀌며 밥을 먹을 때는 침을 질질 흘리는 등 이제 정말 나이 든 모습이 역력하다. 얼마 전에 코브가 일어나서 소파에 앉아 있는 랜스에게 힘들게 걸어왔다. 윗볼을 빵빵하게 부풀리고, 입을 앙다문 채로 가만히 서서 랜스를 뚫어져라 바라보았다.

"코브 좀 봐요." 랜스가 말했다. "내게 뭔가 말하려고 하는 것 같은데. 왜 그래, 코브?"

랜스와 코브는 몇 분 동안이나 서로 바라보았다. 그러다가 코브가 현관문 쪽으로 몇 발짝 가더니 자연스레 카펫 위에 작은 똥을 누었다.

"아, 코브가 밖에 나가고 싶었나 봐! 이런. 너무 늦었네." 랜스가 말했다. "그 표정을 기억해둘게. 이제 무슨 말인지 알겠어."

랜스와 나는 웃음이 터졌다. 코브가 나이 들어간다는 또 다른 신호일 뿐이었다. 아침마다 먹는 약 서너 알과 요실금 치료제 시럽 몇 방울 덕분에 지금은 코브가 그럭저럭 행복하게 지내고 있다.

개에 관한 모든 것

사라와 데이브에게는 독일 와이어헤어드 포인터 한 마리가 있었다. 이름은 '스쿠버'였다. 그들이 다이빙 가게를 운영하던 당시에 스쿠버를 입양했기 때문에 그렇게 이름 지었다. 다른 반려견을 더 들일 생각이 없던 중에 한 커플이 헤어지게 되면서 다섯 살 된 반려견을 맡을 가족이 필요하다는 소식을 들었다. 그렇게 사라와 데이브는 '초키'를 새로운 가족으로 맞이했다. 피오르드랜드의 남쪽 끝에 있는 '초키사운드'라는 지명에서 이름을 따왔다. 초키는 스쿠버를 참 좋아했다. 몇 년 뒤에 안타깝게도 스쿠버가 열세 살의 나이로 세상을 떠났다. 슬픔에 잠긴 초키는 스쿠버의 무덤에 찾아가 가만히 누워 있곤 했다.

얼마 지나지 않아 스텔라가 등장했다.

스텔라는 사라와 데이브의 가족이 되기 전에 이미 세 집을 거쳤다. 첫 번째 집이 호주로 이사하는 바람에 스텔라는 브리더에게 다시 돌아갔다. 그 뒤 브리더가 스텔라에게 새로운 가족을 찾아주었다. 바로 데이브의 친구였다. 사라는 스텔라를 보자마자 사랑에 빠져버렸다. "어머, 너무 예쁘다! 만약에 스텔라가 새 집에 적응하지 못하면 우리가 데려와서 키우자!" 사라가 데이브에게 말했다. 3개월 뒤, 스텔라는 초키와 함께 살게 되었다.

스텔라는 헝가리안 와이어헤어드 비즐라로 여덟 살이지만 여전히 두 살도 안 된 강아지처럼 장난치는 것을 좋아했다. 수염처럼 덥수룩한 눈썹과 헝클어진 콧수염을 달고 온종일 웃는 얼굴로 정신없이 뛰어다닌다. 다른 사람과 만날 때면 항상 수다스럽게 말을 건 뒤 펭귄 인형을 물어다준다. 뉴질랜드에는 와이어헤어드 비즐라가 많이 없어서 자기가 특별하다는 것을 잘 알고 있다. 그래서 사람들이 주는 관심을 무척이나 즐기는 편이다. 아, 그리고 스텔라를 두고 붉다거나 주황빛이라고 말하는 건 어울리지 않는다. 스텔라의 털은 은은하게 가을빛을 머금은 적갈색이다. 그래서 더욱더 특별하다.

스텔라는 예나 지금이나 여전히 불안감이 높은 편이다. 전에 세 집이나 거쳐왔던 경험 때문에 어쩌면 또다시 주인이 바뀔 수 있다고 생각하는지도 모른다. 길고양이 같은 생존 본능을 지녀서 하얀 것을 보면 먹을 것으로 여겨 곧장 입으로 가져간다. 커피 컵과 종이는 물론 녹지 않고 남은 눈까지 하얀 것은 뭐든지 순식간에 먹어치운다. 게다가 항상 먹을 것을 찾아 돌아다닌다. 사라는 이 모든 것이 스텔라가 살아남기 위해서 생긴 버릇 같다며 안쓰러워했다. 자기 침대에서 자는 데까지도 2년이나 걸렸다. 그동안은 안전하다고 생각하는 이동장 안에서만 잠을 잤다.

2015년에 사라는 유방암 진단을 받았다. 초키가 사라와 데이브의 새로운 가족이 된 지 5년이 지났을 무렵이다. 사라는 50번째 생일 일주일 후에 수술을 받았다. 초키는 병원에서 퇴원한 사라의 동반자가 되어 항상 곁을 지켰다. 초키가 늘 사라를 지켜보고 있었기 때문에 데이브는 마음을 놓고 일하러 갈 수 있었다. 데이브는 테아나우의 환경보전부에서 일하며 가끔은 병코돌고래의 개체수를 확인하러 피오르드랜드로 나가기도 했다.

사라는 서서히 회복하여 18개월 뒤에는 파트타임으로 일을 할 수 있게 되었다. 초키는 나이가 더 들어 긴 산책을 힘들어했기 때문에 사라가 아침마다 같이 나가서 짧게라도 걸었다. 하지만 스텔라는 매일 신나게 뛰어놀 긴 산책이 필요했기에 데이브가 밤에 데리고 나가기로 했다. 놀랍게도 얼마 지나지 않아 스텔라는 산책이 아니라 뜀박질하고 있었다. 겨우 마을 한 귀퉁이를 걷던 산책이 이제는 6킬로미터의 러닝이 되고 말았다.

스텔라와 2년을 함께 보낸 초키는 열다섯 살의 나이로 세상을 떠났다.

데이브와 사라는 책을 매우 좋아해서 우리 책방에 자주 들른다. 그들이 책방에 올 때면 스텔라는 차에서 머리만 창밖으로 내민 채 기다린다. 마치 책방에서 벌어지는 모든 일을 자기 눈으로 똑똑히 담겠다는 것만 같다. 스텔라 주변에는 항상 같이 노는 반려견 한두 마리가 따라다닌다. 짖는 소리와 낑낑거리는 소리가 뒤엉켜 어지러울 정도로 시끄럽게 굴며 존재감을 뽐낸다. 그렇게 주인들이 산책시켜주기를 발을 동동 구르며 기다린다.

데이브는 남극에 관한 책을 수집한다. 사라가 매년 크리스마스와 생일 선물로 특별한 책을 선물했고 이제는 꽤 방대한 양의 책을 소장하고 있다.

사라도 나처럼 열렬한 독서가인지라 우리는 서로 책을 빌려주거나 교환해서 본다. 우리 둘 다 조금 흔하지 않은 책을 좋아한다. 웨일스 올해의 책, 소설 부문의 최종 후보에 오른 커넌 존스의 『적하권Stillicide』, 아메리카 원주민의 후손인 루이스 어드리크가 쓴 『정육점 주인들의 노래클럽』을 재밌게 읽었다. 새로운 삶을 꿈꾸며 미국에 자리 잡는 독일 이주민의 이야기다. 2017년 코스타 신인 소설상을 받은 게일 허니먼의 첫 소설 『엘리너 올리펀트는 완전 괜찮아』도 좋아했다.

최근에 재밌는 책 한 권을 읽었다. 한스 올라브 튀볼의 『착한 개는 남극에 가지 못한다 Good Dogs Don't Make it to the South Pole』라는 책이다. 타센이라는 개의 시선으로 최근에 사별한 나이 든 주인과의 관계를 그려낸다. 그 사이사이 로알 아문센의 남극 탐험 이야기도 펼쳐진다. 개를 사랑하는 독자라면 꼭 한 번은 읽어야 하는 책이다.

데이브와 사라의 집은 놀러 오는 반려견으로 항상 북적인다. 두 사람 다 반려견 이야기를 할 때면 두 눈 가득 사랑과 행복이 넘쳐난다. 물론 눈물이 흐르기도 한다. 데이브는 자기 집에 오는 개들에게 각각 다른 목소리로 말을 건다. 나는 아직 그 정도 '고급 단계'에 이르지는 못했다. 이런 데이브와 사라의 삶은 당연히 반려견을 중심으로 돌아간다.

코로나19로 봉쇄되기 전까지 데이브는 피오르드랜드 연안에서 일하고 있었다. 돌고래 연구원인 클로에와 윌과 함께 다우트풀 사운드 안쪽 끝에 있는 딥코브의 한 호스텔에 머물렀다. 딥코브는 꽤 외진 곳에 있어서 가려면 보트를 타고 마나포우리 호수를 건너서 윌모트 패스를 넘어 한 시간 반가량 차를 타고 가야 한다. 아니면 헬리콥터나 수상비행기를 타는 수밖에 없다.

데이브는 딥코브로 떠나기 전 어깨와 허리의 통증으로 병원에 갔다. 숨이 차는 증상도 있었다. 데이브의 아버지도 심장마비로 젊은 나이에 돌아가셨기 때문에 유전적인 문제가 걱정되어 항상 주의를 기울이던 참이었다. 약을 처방받은 뒤 다우트풀 사운드로 가서 연구를 진행해도 아무 문제가 없다는 의사의 확인을 받았다.

어느 날 저녁을 먹고 호스텔에서 쉬는 중에 데이브가 자리에서 일어나다가 그대로 쓰러져버렸다. 데이브가 평소에도 독특한 유머 감각을 뽐냈었기에, 동료인 클로에는 그가 장난을 친다고 생각했다. 그러다가 클로에와 윌은 데이브가 심장마비로 쓰러졌다는 것을 깨닫고 바로 심폐소생술을 시행했다. 클로에는 재빠르게 제세동기를 가져왔고 두 번의 전기 충격 이후 다행히 데이브는 의식을 되찾았다.

그날 밤, 행운은 데이브의 편이었다. 호스텔에 묵고 있던 또 다른 남자가 산소마스크를 가지고 나타났다. 잠수부를 위해 대학교 연구실에 보관하던 것이었다. 파랗게 질렸던 데이브의 얼굴에 금방 혈색이 돌아왔다. 그 뒤 헬리콥터에 실려 더니든 병원으로 이송되었고 3주간의 회복기를 가진 뒤 6중 심장우회수술을 받았다. 놀랍게도 데이브는 클로에와 다른 팀에게 응급 처치를 가르쳤던 강사였고 그 덕분에 자신의 목숨을 구할 수 있었다.

마침내 데이브가 집으로 돌아왔다. 스텔라는 더없이 기뻐했고 같이 산책을 나갔다. 마침 블랙베리 철이어서 스텔라가 좋아하는 베리를 우적우적 씹으며 산책할 수 있어 더욱 행복해했다. 데이브가 다시 달릴 수 있을 때까지는 몇 달이 더 걸렸다. 그래도 이제는 헤드폰을 낀 데이브가 스텔라와 함께 달리는 모습을 하루걸러 볼 수 있다. 데이브는 헤드폰으로 '좀비스 런'이라는 몰입형 달리기 앱을 듣는다. '러너 5'가 되어 좀비들에게 쫓기는 와중에 여러 가지 목표를 달성하는 앱이다.

스텔라는 세 번째 집에서 마침내 완벽한 가족을 찾았다. 반려견 친구들과 함께 지내고 주인인 데이브와 사라의 사랑을 듬뿍 받으며 산다. 스텔라 삶의 목적은 분명하다. 모두에게 사랑받고 데이브와 함께 좀비에게서 열심히 달아나면서 데이브의 건강을 지키는 것이다. 물론 가장 친한 친구 맥시와 함께 노는 것을 빼먹을 수는 없다. 맥시는 다음 장에서 만날 수 있다.

착하게 굴려고 애쓰는 맥시

맥시는 또 다른 독일 와이어헤어드 포인터로 사라와 데이브, 그리고 스텔라와 함께 책방을 자주 찾는다. 스텔라와 맥시는 가장 친한 친구 사이다. 맥시는 자기 주인과 함께 책방에 오기도 한다. 맥시의 주인 피는 한때 우리의 배였던 브레이크시걸호의 현재 소유자로 유람선을 운영하고 있다. 그래서 승객들이 좋아할 만한 책을 찾으러 온다.

그러면 맥시는 어떻게 마나포우리에 오게 되었을까?

피와 파트너 브라이언은 오타우타우 근처 농장에 강아지를 보러 갔다. 처음에는 입양할 생각이 없었으나 결국은 한 마리를 데려왔다. 일단 '시험 삼아' 맥시를 들인 것이다. 어디로 튈지 모르는, 다리가 긴 3개월 된 강아지가 그들의 마음을 사로잡았다. 맥시는 새로운 집에 바로 적응했다. 밤에 울부짖지도 않았고 꽤 순했다. 브라이언의 훈련도 빠르게 받아들였다. 그렇게 금방 가족의 일원이 되었다.

몇 달이 지나지 않아 맥시는 집을 쥐락펴락하는 존재가 되었다. 어느 날 맥시가 한밤중에 밖으로 나가 소변을 보고 싶어 했다. 피와 브라이언이 살림을 합친 지 얼마 지나지 않았을 때였다. 잠에서 깬 브라이언이 맥시를 밖으로 데리고 나갔다. 데크에서 기다리던 브라이언은 너무 오래 걸린다는 생각이 들었지만 계속 그 자리에서 기다렸다. 알고 보니 맥시가 몰래 집으로 돌아와서 침대로 껑충 뛰어올라 피의 옆에서 편안히 잠들어 있었다. 최근에 브라이언에게 뺏긴 아늑한 피의 옆자리를 다시 차지한 것이다. 브라이언은 결국 방으로 돌아와서야 사태를 파악했다. 자기보다 맥시가 서열이 높다는 것을 순순히 받아들이고는 코를 골고 있는 커다란 개 옆으로 조심스레 몸을 뉘었다.

피는 맥시가 강아지일 당시 해양 카약 사업을 운영하고 있었다. 맥시를 데리고 출근하기도 했다. 사무실에는 맥시만을 위한 전용 의자도 있었다. 맥시는 관심을 충분히 받지 못한다는 느낌이 들면 피에게 다가가 일은 이제 그만하고 자기를 어서 쓰다듬어달라고 애교를 부렸다. 맥시는 곧 카약 회사의 마스코트가 되었고 모든 가이드의 사랑을 듬뿍 받았다. 사무실을 벗어나 카약 투어 출발 전 진행하는 안전 교육에도 참여했고 나중에는 손님들이 전복 훈련을 할 때 카약까지 헤엄쳐 가기도 했다.

투어가 끝난 뒤 가이드들이 장비를 닦고 카약을 정리하여 쌓아둘 때면 맥시 나름의 '도움'을 주기도 했다. 복슬복슬한 얼굴 가득 사랑스러운 눈빛으로 가이드를 핥아주는 것이다. 가이드의 땀 냄새와 바닷냄새가 너무 좋았나 보다. 맥시는 피와 같이 카약 타는 법을 배웠고 남쪽 해안에서 서핑까지 같이했다. 피가 맥시를 해변에 놓고 서핑하러 가면 파도를 타고 들어오는 피를 향해 맥시가 신나게 달려 나가곤 했다.

맥시를 동물병원에 데려가는 것은 주로 브라이언의 몫이었다. 맥시가 브라이언의 말을 더 잘 들었기 때문이다. 한 번은 브라이언이 없어서 피가 맥시를 데리고 병원에 가야만 했다. 혈액 검사를 해야 했는데 조금 민망한 일이 있었다. 맥시는 덩치가 크고 다리도 긴 편이지만 몸집에 비해 겁이 많았다. 그래서 키 큰 수의사 마이크와 좁은 검사실에 있는 것을 불편해했다. 맥시는 검사실에서 무슨 일이 일어날지 잘 알고 있었고 주삿바늘이 자신을 향해 오자 심장이 쿵쾅쿵쾅 빨리 뛰기 시작했다. 그러더니 진찰대 위에서 긴 다리를 허우적대며 버둥거렸고 커다란 발바닥이 스테인리스 위로 미끄러졌다. 마이크가 꽉 잡을수록 맥시는 더 몸부림치며 테이블에서 벗어나 문밖으로 나가려고 발버둥쳤다.

맥시가 벽을 향해 몸을 던지면서 상황은 점점 심각해졌다. 사방에 침이 날아다녔고 병원 팸플릿 한 무더기가 와르르 쏟아졌다. 그러자 짜증이 난 마이크가 혈액 검사를 못 한다고 선언했고 피는 맥시를 질질 끌고 검사실에서 나갈 수밖에 없었다.

접수대로 나가는 길에 맥시의 눈에 강아지용 새 침대가 들어왔다. 이제 막 병원에 배달된 것으로 보였다. 가능한 최대한 그 침대 가까이 다가가더니 다리 한쪽을 들고 오줌을 갈겼다. 세상을 다 가진 듯한 얼굴이었다. 가엾은 피… 온몸으로 맥시를 간신히 끌어서 접수대를 지나며 외쳤다. "죄송해요. 계산서에 다 포함해주세요."

브라이언과 같이 호숫가를 산책하던 맥시가 오리 한 마리를 냉큼 낚아챘다. 지나가던 사람이 이걸 보고 브라이언에게 말했다. "썩 보기 좋은 광경은 아니네요." 브라이언은 부끄러워하며 다친 오리를 챙겨 집으로 돌아왔다. 맥시는 꼬리를 내린 채 브라이언 뒤를 슬그머니 따라갔다. 또 혼나겠다고 생각하는 듯 보였다. 브라이언이 뒷마당에 있는 작은 연못에 물을 채웠고 다친 오리를 조심스럽게 내려놓았다. 다행히 오리는 괜찮아 보였다. 그런 다음 맥시를 연못 한가운데 앉히고는 "앉아. 기다려!"라고 명령했다. 오리는 가만히 앉아 있는 맥시 주변으로 자유롭게 헤엄쳤다. 물에 흠뻑 젖은 맥시는 후줄근한 모습으로 앉아 있었다. 잘못했다는 표정으로 머리를 축 늘어뜨린 채 꼼짝도 하지 않았고 오리와는 감히 눈도 마주치지 못했다.

맥시를 보고 있자니 우리 할머니가 내게 하셨던 말씀이 생각난다. "루시, 착하게 굴려고 애쓰는 건 알지만 네 마음처럼 안 되는 것 같구나."

하지만 맥시는 나와 달랐다. 브라이언이 다 나은 오리를 호수에 다시 풀어주었고 그 후로 맥시가 오리를 공격한 적은 단한 번도 없었다. 그 일로 인해 이 노견도 뭔가를 배운 것 같았다.

맥시의 이야기를 쓰기 시작한 지 두 달이 지났을 때, 맥시가 골암 진단을 받았다. 맥시는 약을 눈 깜짝할 사이에 먹어치웠고 높게 든 꼬리를 흔들며 절뚝거리면서도 잘 돌아다녔다. 훌륭한 환자였다. 하지만 다리의 종양이 점점 커져 거동이 불편해졌고 나중에는 뒷마당만 겨우 산책할 정도였다. 브라이언과 피는 가끔 맥시를 손수레에 태워 바람을 쐬게 했다.

내가 놀러 갈 때마다 맥시는 활짝 웃으며 나를 반겨줬다. 세 다리로 절룩절룩 걷는 것에 익숙해져 잘 지내기는 했지만, 맥시의 몸 상태는 점점 나빠지고 있었다. 결국 2022년 7월 20일, 마지막 인사를 할 때가 오고 말았다. 맥시는 좋은 컨디션으로 행복한 날을 보냈고 오후 2시 15분에 마지막 숨을 내쉬었다. 피와 브라이언이 맥시 옆에 앉아서 마지막을 함께했다. 슬프지만 보내주는 것이 맞다고 믿었다.

이 책을 통해 맥시의 이야기를 전할 수 있음에 깊이 감사한다. 큰 몸집에 긴 다리로 성큼성큼 걷던 맥시, 모든 사람을 잘 따랐고 우리에게 커다란 기쁨을 주는 책방의 단골손님이었다.

이전 이야기에 나온 스텔라는 맥시의 가장 친한 친구로 리버턴에서 몇 주씩 휴가를 함께 보냈다. 몸무게가 30킬로그램이나 되는 맥시는 훨씬 몸집이 컸지만 뒤엉켜 놀 때면 스텔라에게 져주곤 했다. 마치 스텔라의 큰 오빠 같았다.

스텔라는 가장 친한 친구를 떠나보냈다.

다정한 거인 래퍼티

자그마한 책방 앞으로 도요타 밴 한 대가 멈추어 섰다. 여느 때처럼 차 안에서 개 짖는 소리가 들려왔다. 이어서 커플이 차에서 내려 두리번거리며 책방으로 걸어왔다.

커플의 이름은 마이크와 로나였다. "우리 책방에는 개들이 자유롭게 뛰어놀아도 돼요. 데리고 나와서 같이 들어오시는 건 어때요?"

커플은 이 말을 듣고도 그저 미소만 지었다. 마이크는 개가 '매우 커서' 책방에 돌아다니면 안 될 것 같다고 했다. "그래도 한 번 만나보시겠어요?"라는 마이크의 말에 당연히 그러겠다고 답했다. 차창 너머로는 북슬북슬한 다리와 덥수룩한 몸통만 보

였다. 설마 개가 아니라 셰틀랜드포니|스코틀랜드 셰틀랜드제도에서 유래한 소형 말 품종으로, 작고 튼튼하며 성격이 온순하며 어린이 승마용이나 마차용으로 인기가 많다_옮긴이|이려나? 셰틀랜드포니는 한 번도 우리 책방에 온 적이 없었다.

길 건너에 주차된 밴으로 다가갔다. 마이크도 같이 와서 내 옆에 섰다. "제가 데리고 나올까요?"

"그러면 정말 좋지요."

마이크가 트렁크를 열자 위풍당당하게 서 있는 아이리시울프하운드|아일랜드 원산의 초대형 사냥개 품종으로 키가 매우 크고 체격이 크지만, 온순한 성격으로 알려져 있다.옮긴이| 한 마리와 눈이 마주쳤다. 호기심 어린 눈빛으로 당장 뛰쳐나올 것만 같았다. 마이크가 커다란 고리가 달린 두꺼운 리드줄을 들어 가죽으로 된 목줄과 연결했다. "자, 나가볼까, 래퍼티?"

차 밖으로 나온 래퍼티를 보자마자 한눈에 반했다. 두 팔을 활짝 벌려 안아주자 래퍼티가 내게 그 큰 몸을 기대왔다. "몸무게가 얼마나 나가죠?" 마이크에게 물었다.

"72에서 75킬로그램 정도 돼요. 이제는 들어서 체중계에 올릴 수가 없다 보니 정확히는 모르겠어요. 병원에 가서 재려고 해도 말을 잘 안 듣거든요."

덩치가 정말 어마어마했다.

"정확한 키는 모르지만 대략 86센티미터 정도 될 거예요. 네 발로 섰을 때의 어깨높이예요."

옆에서 조용히 서 있는 래퍼티 때문인지 마이크가 처음 봤을 때보다 조금은 작게 느껴졌다. 래퍼티는 고개를 높이 들고 당당하게 서 있었다.

아이리시울프하운드는 시각형 사냥개로 냄새를 맡는 것이 아니라 눈으로 보고 사냥감을 빠르게 쫓는다. 경비견으로도 활동하는데, 특히 늑대에게서 집을 지키는 데 뛰어난 실력을 발휘했다. 물론 늑대 사냥에도 투입됐다. 큰 체구 덕분에 겉으로는 무서워 보였지만, 낯선 사람에게도 친근하게 구는 성격이라 경비견의 역할을 완벽히 해내지는 못했다. 그래도 천성적으로 매우 충직하고 주인에게 헌신하며 가족이 위험에 처했을 때는 용감하게 구하러 뛰어든다.

1902년 아이리시울프하운드는 아일랜드 근위병의 연대 마스코트로 선정됐다. 아일랜드 시인 윌리엄 예이츠도 아일랜드의 정체성과 자긍심을 불러일으키는 상징으로 토끼풀과 하프, 그리고 아이리시울프하운드를 사용했다.

마이크와 로나에게 래퍼티는 벌써 세 번째 아이리시울프하운드다. 이 덩치 큰 견종과 사랑에 빠진 것이 틀림없다. 마이크는 어린 시절, 처음 아이리시울프하운드와 만났다. 옆집 큰아들이 '핀'이라는 아이리시울프하운드를 데리고 부모님을 찾아왔다. 핀은 어슬렁어슬렁 마을을 돌아다녔고 가끔 마이크네 집 앞까지 오기도 했다.

그럴 때면 마이크네 작은 반려견 맥이 아주 맹렬하게 짖어 댔다. 물론 멀리 떨어진 곳에서 안전거리는 유지한 채로 말이다. 한번은 핀이 맥의 목덜미를 물어 부드럽게 한쪽으로 던진 다음, 몸을 납작하게 낮춘 채 꼬리를 붕붕 흔들어댔다. 계속 장난을

치고 싶은 모양이었다. 마이크는 이 커다란 개가 이토록 순하다는 것에 마음이 끌렸고 나중에 어른이 되면 꼭 키워야겠다고 결심했다.

마이크와 로나가 래퍼티를 처음 데려왔을 때는 태어난 지 두 달이 막 지났고 몸무게는 9.5킬로그램이었다. 캔터베리에서 집까지는 차를 타고 한참을 달려야 했다. 어린 래퍼티는 오는 길 내내 울었다. 집에 오고 며칠간 마이크는 래퍼티가 외롭지 않도록 바닥에서 꼭 껴안고 함께 잠들었다. 얼마 지나지 않아 래퍼티는 새집에 적응했고 한 달 만에 몸무게가 두 배가 되었다.

"우리는 아일랜드식 이름을 지어주고 싶었어요. 그리고 흔하지 않은 이름을 원했죠. 래퍼티는 아일랜드섬 북부 지역인 얼스터에 뿌리를 둔 이름이에요. 싱어송라이터 '게리 래퍼티'의 이름에서 따왔죠."

래퍼티도 여느 강아지처럼 양말을 좋아해서 몰래 가져오곤 했다. 물론 그러면 안 된다는 것은 알아서 입안에 숨겨 밖으로 뛰쳐나가 마당에 파묻어버렸다. 다행히 나이가 들면서 이런 행동은 사라졌다. 대신 새를 물고 삼킨 적이 있긴 하다. 집 안으로 날아 들어온 참새 한 마리를 잡아 그대로 꿀꺽 삼켜버린 것이다. 로나는 래퍼티의 목 안에서 짹짹거리는 소리를 듣고 놀라 출근한 마이크에게 전화를 걸어 울먹이며 하소연할 수밖에 없었다. 또 다른 희생자는 엄마 오리와 함께 마당에 놀러 온 새끼 오리 한 마리였다.

마이크는 래퍼티에 대해 이야기하는 것을 참 좋아했다. 그와

이야기를 나누면 누구나 금방 알아차릴 것이다. 래퍼티는 이제 세 살 반이 되었다. 둘은 길가에 서로 기대어 서서 활짝 웃고 있었다. 정말 환상의 짝꿍이다.

"이렇게 거대한 반려견을 키우는 건 어떤 느낌이에요?" 내가 물었다.

"아이리시울프하운드는 사람을 정말 잘 따라요. 그러면서도 항상 차분하죠. 그런데 덩치가 너무 커서 튼튼한 울타리로 둘러싸인 넓은 마당이 없다면 키우기 힘들 수도 있어요. 운동을 좋아하지 않아도 힘들죠. 울프하운드가 활동량이 엄청 많은 편은 아니지만 일주일에 몇 번은 꼭 같이 달려줘야 하거든요."

마이크가 웃으며 덧붙였다. "우리 집이 좁은 편이라 개가 심심해서 날뛰기 시작하면 난장판이 되어버리죠. 래퍼티는 그냥 몸을 돌리는 건데도 다른 사람을 쳐서 넘어트리기 일쑤예요. 아이리시울프하운드가 있으면 식탁이나 커피테이블, 벤치 같은 곳에 음식을 올려놓을 수가 없어요. 눈높이와 딱 맞거든요. 또 요리하고 있으면 복슬복슬한 코가 겨드랑이 사이를 파고들죠."

다른 사람들은 이렇게 엄청나게 큰 개를 보고 어떻게 반응할까?

"이 개를 키우고 싶은 분들은 다른 사람들의 반응에 익숙해져야 해요. 래퍼티를 보고 좋아하는 사람이 있고 덩치에 놀라지만 궁금해하는 사람도 있어요. 물론 꼬리를 흔들고 있는 순한 개가 아니라 거대한 괴물로 보고 무서워하며 거부감을 드러내는 사람도 있죠."

래퍼티는 커다란 덩치에 비해 많이 먹는 편은 아니다. 다만 강아지 시절에는 한참 클 때라 그런지 정말 엄청나게 먹었다고 한다. 사람을 잘 따르는 개가 다 그러듯이, 래퍼티도 쓰다듬어주거나 귀 뒤를 조물조물 만져주는 것, 그리고 배를 긁어주는 걸 매우 좋아한다. 만약에 관심을 못 받고 있다고 느끼면 누군가 봐줄 때까지 그 큰 덩치로 낑낑대면서 배를 드러내고 벌렁 눕기도 한다.

래퍼티는 앞발이 땅에 닿아 있는 채로 주인의 무릎 위에 앉을 수가 있다. 손님들이 이 놀라운 개인기를 보면 그저 감탄할 수밖에 없다. 만나는 사람마다 모두 인사를 나눠야 직성이 풀리며 다른 개를 만날 때는 온몸으로 반가움을 표현한다. 마이크가 사는 와이카우아이티에는 해변과 강, 습지가 모두 있어서 산책을 자주 나간다. 래퍼티는 해변을 좋아하지만 놀랍게도 수영을 즐기지는 않는다. 더운 날에 바다나 강으로 첨벙 뛰어들어 몸을 식히기만 할 뿐이다.

마을 사람들 대부분이 래퍼티를 잘 알고 있으며, '다정한 거인'이라고 부른다.

로나와 딸들이 아이들 책방에서 책을 보고 있는 동안 마이크는 문가에 걸터앉아 있다. 래퍼티는 마이크 뒤에 찰싹 붙어 쓰다듬어주기만을 간절히 기다린다.

그레이시와 보낸 하루

어느 화창한 오후에 SUV 한 대가 책방 앞에 멈추어 섰다. 중년 커플이 내려 크라이스트처치에서 온 앤드루와 게일린이라고 소개했다. 대화를 하다 보니 말이 잘 통했다.

"저흰 남섬을 여행하는 중이에요. 마나포우리에는 처음 와 보는 거라 여기 자그마한 책방에는 꼭 들르고 싶었답니다"라고 설명했다. "밀퍼드 사운드에 가고 싶은데 우리 래브라도 그레이시를 하루 동안 맡길 곳이 있을까요?" 대화 중에 게일린이 물어보았다. 그레이시는 자동차 뒷자리에 너무 조용하게 앉아 있어서 그 말을 듣기 전까지는 개가 있는지조차 몰랐다.

"우리는 개를 좋아한답니다. 나오라고 하시면 인사 나눌게요."

그레이시는 차 뒷자리에 있는 포근한 침대 위에 몸을 둥글게 말고 있었다. 새까만 털에 갈색빛 눈동자가 반짝반짝 빛나는 순박한 얼굴이었다. 커다란 발도 예뻤다. 몸을 낮춰서 눈을 마주친 뒤 그레이시를 쓰다듬고 만져주면서 말을 걸었다. 그레이시도 차분하게 나를 탐색했다.

더 고민할 필요 없이 그레이시를 하루 동안 맡기로 했다. "우리 집 뒤에는 넓은 마당이 있어요. 튼튼한 울타리로 둘러싸여 있죠. 마당에 있는 닭들과 함께 있을 수만 있다면 개들이 뛰어놀기에 최적의 장소랍니다." 뒷마당에 꾸며놓은 작은 숲에는 암탉 네 마리가 돌아다니고 있다.

게일린은 내 말에 매우 기뻐했다. 나는 바로 랜스에게 달려가 외쳤다. "얼른 와서 그레이시랑 인사해요. 내일 하루 동안 맡아도 되겠죠?"

랜스가 체념한 듯한 표정으로 책방으로 넘어와 그레이시와 인사했다. 게일린과 앤드류에게 뒷마당을 보여주었다. "우리가 그레이시를 잘 돌볼게요. 걱정 안 해도 돼요." 마침 코브도 우리 집에서 지내고 있었다.

오랜 시간 대화를 나누었고 게일린이 반려동물 화장시설인 '러빙 트리뷰트'를 운영한다는 이야기를 들었다. 크라이스트처치 외곽에 있는 링컨 바로 옆에 있었다. 이에 관해 이야기하는 모습을 보니 게일린이 정말 자상하고 따뜻한 사람이란 걸 바로 알 수 있었다. 사랑하는 반려동물에게 마지막 인사를 할 때 옆에 있었으면 하는 그런 사람이었다.

그렇게 그레이시가 하루 동안 우리 책방에서 머무는 것으로 결정이 났다.

다음 날 이른 아침에 앤드루와 게일린이 그레이시를 데려왔다. 주인이 차를 타고 멀어져가는 것을 보며 그레이시는 조금 슬퍼하는 것 같았다. 그레이시가 적응할 때까지 앉아서 계속 말을 걸며 뒷마당에서 같이 놀아주었다. 나이가 많아 거동이 힘든 코브는 새로 온 친구를 그냥 못 본 척했다. 다행히 그레이시가 코브 침대에 앉거나 인형을 뺏지는 않았다.

그레이시는 계속 바쁘게 돌아다녔다. 숲을 탐험하고 뼈를 우적우적 씹으며 햇빛에 늘어져 있었다. 책방에서 일을 보다가도 계속 마당으로 와서 그레이시가 잘 있는지 확인했다. 다행히 평온해 보였다. 그런데 점심 무렵 집으로 들어와 랜스와 식사하려는 순간, 갑자기 늑대가 울부짖는 것 같은 울음소리가 들렸다! 예전에 독일을 여행하던 중, 늑대 보호구역에서 새벽에 늑대가 울부짖는 것을 들은 적이 있다. 그렇게 구슬픈 소리는 들어본 적이 없었다. 무언가를 호소하듯이 우리의 이해를 구하는 듯한 하울링이었다.

얼른 창밖을 보자 그레이시가 늑대처럼 똑바로 앉아서 머리를 높게 들고 하늘을 바라보며 애타게 하울링을 하고 있었다. 랜스와 함께 마당으로 달려 나가 두 팔로 그레이시를 꼭 안아주었다. 그레이시도 내 품에 안겼다.

"우리랑 같이 안에 있어야겠네." 랜스가 말했다.

게일린과 앤드류는 늦은 오후가 돼서야 돌아왔다. 밀퍼드 사운드에서 멋진 하루를 보냈다고 했다. 그레이시는 주인을 다시 만나게 돼서 너무도 행복해했다. 앉아서 커피를 마시며 이야기를 나눈 뒤 그들은 그레이시와 함께 떠났다.

몇 달이 지나서 이 책을 쓰게 되었고 게일린에게 다시 연락했다. 본인들 이야기를 써도 된다고 흔쾌히 허락했다. 물어볼 것도 많았기 때문에 줌 미팅을 진행하기로 했다. 게다가 그레이시도 한 번 더 보고 싶었다.

나는 게일린의 반려동물 화장터에 관심이 많았다. 심리상담 전문 교육을 받았던 게일린은 동물을 사랑하는 마음에서 이 사업을 시작했다고 한다. 증조부가 장례업에 종사했기 때문에 그 영향이 있었을지도 모른다. 게일린의 아기 멜리사가 선천성 심장 결손으로 세상을 떠났을 때 게일린은 고작 스물두 살이었다. 깊은 상실감을 겪었던 게일린은 반려동물 화장터를 열고 애도 상담 프로그램도 진행했다.

사업을 시작하면서 오랜 시간과 큰 비용은 물론 더 큰 심적 부담도 따랐다. 그래도 게일린은 마음을 굳게 먹고 결국 해낼 수 있었다. 평화로운 8000제곱미터 넓이의 고요한 정원 속 작은 통나무집은 애도하는 보호자를 위한 따뜻한 공간이 되었다. 통나무집 뒤로는 화장터가 있었다. 게일린이 사용 방법을 배워 직접 운영했다.

게일린은 동물보호협회에 방문해서 유기되어 안락사된 반려동물을 무료로 화장해준다고 제안했다. 땅에 묻어버리는 것보다 화장하는 것이 그들을 기리는 더 좋은 방법이라고 생각했기 때문이다. 이렇게 하면서 화장터 일에 점점 익숙해졌다. 자그마한 동물이라도 존중받으며 떠나야 했다.

"슬픔의 이면에는 사랑이 깃들어 있죠." 게일린이 내게 말했다. "반려동물을 떠나보낸 사람들에게 시간을 주고 하고 싶은 말을 뭐든지 하라고 해요. 본인이나 반려동물 이야기로 시작해서 반려동물과의 우정, 사랑에 관해 이야기하지요. 반려동물과 나눈 사랑의 힘은 무엇과도 바꿀 수 없을 만큼 소중하기에 그 관계를 기억하고 기리는 일은 온전히 제 몫이라고 생각해요."

반려동물을 화장할 때는 꼭 따로따로 진행한다. 절대 다른 동물과 함께 화장하지 않는다. 유골은 발바닥이 각인된 유골함에 담겨 주인에게 건네진다.

두 번째 줌 미팅이 끝날 때 우리는 서로 화면 너머로 포옹을 보냈다. 게일린의 무릎에 머리를 묻고 있던 그레이시에게도 나의 포옹이 그대로 전달됐기를 바란다.

우리는 함께 눈물을 흘렸다. 우리의 특별한 우정을 넘어 우리 삶을 아름답게 만들어준 모든 반려동물을 떠올렸기 때문이다. 반려견은 언제나 우리를 기꺼이 용서하고 한결같은 충성심으로 곁을 지키며 조건 없는 사랑을 건네고 우리의 마음을 누구보다 잘 읽어낸다. 그들 모두가 기억되고 기려져야 마땅하다.

이 책에 특별한 존재로 함께해준 모든 반려견에게 깊은 감사의 마음을 전한다.

감사의 글

자그마한 개 한 마리가 조용히 앉아서 누군가를 기다리고 있다. 3개월 만의 만남이었다. 참 반가웠다. 책방에 다가가자 나를 바라보고 꼬리를 살랑살랑 흔들며 조용히 반겼다.

"안녕." 나지막한 소리로 인사를 건네며 옆에 앉았다. "어디 다녀왔어?" 작은 머리와 등을 부드럽게 쓰다듬자 내 품 안으로 쏙 파고들었다.

"다시 와줘서 고마워. 우리 책방에 찾아오는 개 이야기를 쓰고 있었어. 그동안 네가 없어서 네 이야기는 담지 못했어. 미안해."

책방 문을 열고 가방에서 간식을 꺼내 살며시 건넸다. 손 위에 놓인 간식을 조심스럽게 먹더니 뭔가 물어보는 듯한 눈빛으로 나를 바라보았다. 그러고는 입안에 물고 있던 작은 선물을 남기고 책방을 떠났다. 오늘이 네 번째 방문이었다. 첫 방문은 삼 년 전이었다. 그런데 나는 이 아이의 이름조차 모른다.

그날 오후, 스투가 반려견 케인과 함께 책방을 지나갔다. 케인은 웨이트워처스 올해의 우수 감량 사례로 소개된 적이 있다. 이 책의 원고를 끝내고 나서야 스투와 알게 되어서 케인의 이야기를 책에 담지는 못했다. 스투는 케인을 동물보호협회에서 입양했다. 스투의 돌봄 아래 케인은 10킬로그램 가까이 살을 뺐다.

나는 우리 책방에 찾아오는 모든 개를 좋아한다. 이 책의 주인공이 되어준 데 다시 한번 감사를 표한다.

여전히 나는 훈자를 그리워한다. 훈자, 그 이름만 떠올려도 눈시울이 뜨거워진다.

이 책에 등장하는 모든 보호자 여러분, 기꺼이 반려견의 이야기를 나눠주셔서 마음 깊이 감사드립니다. 반려견은 우리를 언제나, 조건 없이 사랑해줍니다. 돌봐주는 사람 모두를 한결같은 마음으로 이해해주며 흔들림 없는 신뢰를 보냅니다. 이 책에 나오는 주인들은 어딘가 서로 닮아 있습니다. 반려견이라는 가장 소중한 친구와 지낸 시간이 삶을 조금씩 따뜻하게 물들였기 때문이지요.

데인티, 당신이 마주한 모든 반려견과 교감하며 순간을 사진으로 담는 모습은 정말로 인상적이었습니다. 당신의 작품을 보고 한 번도 실망한 적이 없지요. "우리 책방에 엄청나게 큰 개가 왔어요! 흑곰인 줄 알았다니까요. 내 책에 무조건 실어야 해요! 하던 거 다 멈추고 달려와주실 수 있나요?" 그러면 당신은 카메라를 들고서 한달음에 달려와주었지요. 물론 충직한 친구 셰이디 레이디와 함께요.

나의 가장 친한 친구이자 영혼의 단짝 랜스. 당신은 우리 집 구석구석에 쌓여가는 책 무더기를 묵묵히 참아줬지요. 그뿐만 아니라, 데인티가 반려견 사진을 찍는 동안 기다리는 주인들에게 계속해서 커피를 대령해주었어요.

앨런 앤드 언윈에서 일하는 모든 분, 여러분의 작가라는 것을 영광스럽게 생각합니다. 우리 책방에 찾아오는 개에 관해 책을 쓰고 싶다는 내 생각을 믿고 응원해주셔서 감사합니다. 늘 나를 믿어주는 제니 헬렌, 뛰어난 통찰력으로 내게 따뜻한 조언을 건네주었지요. 편집자 레이첼, 정성스레 모든 문장을 일일이 확인하고 표현의 미묘한 차이를 다듬어주신 점 다시 한번 감사드립니다. 나에게 큰 도움이 되었어요. 내 이전 책 『세상 끝 책방 이야기』의 훌륭한 디자이너 사스키아 니콜, 다시 한번 이 책을 맡아주셔서 정말 감사합니다. 일러스트레이터 소피 왓슨, 좋은 아이디어와 훌륭한 솜씨에 감사드립니다. 내가 방향을 잃지 않게 해준 아바, 당신의 긍정적인 에너지와 열정이 내게 큰 힘이 되었습니다. 내 시시콜콜한 질문에 하나하나 답하느라 고생 많으셨습니다.

물론 샌드라를 빼놓을 수는 없지요. 저작권과 해외 판매를 담당하는 당신은 정말 대단한 분이에요.

    마지막으로 제 책을 읽는 독자분들, 여러분 덕분에 책을 쓸 수 있습니다. 독자분들이 안 계신다면 제 책이 자리 잡을 곳은 없을 겁니다. 이 책에 담긴 반려견의 이야기가 하나라도 여러분의 마음에 가닿기를 진심으로 바랍니다. 부디 이 책을 통해 마음껏 웃고 울며 따뜻한 위로를 받으시길 기원합니다. 제 책을 여러분의 삶 한편에 자리하게 해주셔서 감사합니다.

루스

본문에 소개된 도서 목록

A.C. 베그, N.C 베그, 『프리저베이션 항Port Preservation』, 40쪽
J.R.R 톨킨, 『호빗』, 145쪽
M. L 스테드먼, 『바다 사이 등대』, 184쪽
게일 허니먼, 『엘리너 올리펀트는 완전 괜찮아』, 233쪽
닉 트라우트, 『개와 함께, 다시Dog Gone, Back Soon』, 168쪽
닐 맥너튼, 『탯, 뉴질랜드 양치기 개의 이야기Tat: The Story of a New Zealand Sheep Dog』, 41쪽
델리아 오언스, 『가재가 노래하는 곳』, 184쪽
로라 세선, 『지진 견Quake Dogs』, 12쪽
로버트 맥팔레인, 『오래된 방법들The Old Ways』, 34쪽
로버트 맥팔레인, 『언더랜드』, 34쪽
루스 쇼, 『세상 끝 책방 이야기』, 15, 41, 51, 75, 144, 160, 214, 254쪽
루이스 어드리크, 『정육점 주인들의 노래클럽』, 233쪽
리차드 바크, 『갈매기의 꿈』, 47, 50쪽
마리나 레비츠카, 『아빠가 결혼했다』, 214쪽
마이크 화이트, 『개와 산책하는 법How to Walk a Dog』, 12, 129쪽
마이크 화이트, 『사진으로 보는 옛 뉴질랜드의 개Dogs in Early New Zealand Photographs』, 56쪽
마이클 케나, 『홋카이도Hokkaido』, 33쪽
빌 브라우더, 『프리징 오더Freezing Order』, 56쪽
아누스카 존스, 『우프, 개를 사랑하는 사람을 위한 행복의 책Woof: A Book of Happiness for Dog Lover』, 29쪽
에드먼드 드 발, 『호박눈의 산토끼』, 184쪽
제인 어셔, 『스틸 라이프Still Life』, 33쪽
찰리 맥커시, 『소년과 두더지와 여우와 말』, 129쪽
커넌 존스, 『적하권Stillicide』, 233쪽
켄 폴렛, 『네버Never』, 88쪽
테드 사이먼, 『주피터의 여행Jupiter's Travel』, 34쪽
프랭크 캐벗, 『궁극의 정원, 레 카트르 방에서 피어난 완성의 미학The Greater Perfection: The Story of the Gardens at Les Quatre Vents』, 105쪽
하워드 파일, 『로빈후드의 모험』, 145쪽
한스 올라브 튀볼, 『착한 개는 남극에 가지 못한다Good Dogs Don't Make it to the South Pole』, 12, 233쪽

1. 랜스와 함께 오토바이를 타는 훈자 (95쪽)

2. 스너그에 찾아온 셰이디 레이디 (31쪽)
3. 멧돼지 사냥개 럭키 (40쪽)

4. 페이지 앤드 블랙모어 책방의 넬슨 (51쪽)
5. 어린이 책방에서 제이컵과 함께한 레지 (63쪽)

6. 7. 인스타 계정도 소유한 독서견 투이 (74쪽)

8. 어린이 책방 앞에서 놀고 있는 탈라 (87쪽)
9. 에너지가 넘치는 잭 (90쪽)

10. 작업용 바이크 뒷자리에 앉은 '은퇴한' 양치기 개 샘 (101쪽)
11. 주머니쥐를 잡는 사냥개 빌 (119쪽)

12. 어린이 책방 앞에서 사라와 함께한 투이 (126쪽)
13. 딜런의 반려견, 앤잭과 레이븐 (144쪽)

14. 홈 크리크 보호구역의 엘리 (136쪽)
15. 엘리의 무덤을 알려주는 표지판 (139쪽)

16. 수영을 싫어하는 피파 (151쪽)
17. 리즈 앞에서 먼저 달려가는 버티 (160쪽)

18. 학창 시절 친구 마이클과 조지, 제스 (173쪽)
19. 사라의 첫 반려견 콜로라도 집시 존슨 (182쪽)

20 책방 광고용 피아트와 잘생긴 행크 (197쪽)
21. 아름다운 베리 (201쪽)

22 트랙터를 탄 약사 조지와 엘리자, 루시 (210쪽)
23. 새를 쳐다보고 있는 시드 (220쪽)

24. 25. 책방지기 개, 코브 (225쪽)

26. 데이브의 건강을 지켜주는 스텔라 (230쪽)
27. 스텔라의 가장 친한 친구 맥시 (236쪽)

28. 다정한 거인 래퍼티 (241쪽)
29. 자그마한 책방에서 하루를 보낸 그레이시 (247쪽)

30. 루스와 훈자